T0009310

BUENOS AIRES
INSÓLITA Y SECRETA

Valeria Sampedro y Hernán Firpo

JonGlez

Ha sido un verdadero placer para nosotros elaborar la guía *Buenos Aires insólita y secreta* y esperamos que, al igual que a nosotros, le sirva de ayuda para seguir descubriendo aspectos insólitos, secretos o aún desconocidos de la capital. La descripción de algunos de los lugares se acompaña de unos recuadros temáticos que mencionan aspectos históricos o cuentan anécdotas permitiendo así entender la ciudad en toda su complejidad.

Buenos Aires insólita y secreta señala los numerosos detalles de muchos de los lugares que frecuentamos a diario y en los que no nos solemos fijar. Son una invitación a observar con mayor atención el paisaje urbano y, de una forma más general, un medio para que descubran nuestra ciudad con la misma curiosidad y ganas con que viajan a otros lugares...

Cualquier comentario sobre la guía o información sobre lugares no mencionados en la misma serán bienvenidos. Nos permitirá completar las futuras ediciones de esta guía.

No duden en escribirnos:
• Editorial Jonglez, 17, boulevard du roi,
   78000 Versailles, Francia
• E-mail : info@editorialjonglez.com

p. 124

p. 142

p. 106

p. 12

p. 70

p. 198

p. 214

0   2   4 km

N

Autopista Arturo Illia

úñez

Av. del Libertador

Av. Monroe

Av. Cabildo

Belgrano

Av. del Libertador

Av. Cabildo

Av. La Lacroze

Colegiales

Aeroparque
Jorge Newbery

Jardín
Japonés

Jardín
Zoológico

Palermo Jardín
Botánico

Chacarita

Av. Córdoba

Av. Santa Fe

Biblioteca
Nacional

Estacion
Retiro

Recoleta

Retiro

Av. Santa Fe

Av. San Martín

Av. Córdoba

Av. Córdoba

Av. Cabildo

Parque
del Centenario

Av. Pueyrredón

Estacion
Once

San Nicolás

Almagro

Av. Gaona

Caballito

Av. Rivadavia

Plaza del
Congreso

Plaza
de Mayo

Av. de los Italianos

Av. 9 de Julio

Av. Belgrano

BUENOS AIRES

Av. Independencia

Monserrat

Av. Rivadavia

Av. La Plata

Av. Juan Bautista Alberdi

Av. San Juan

Estacion
Constitución

Av. Directorio

Juan de Garay

Constitución

Boca

Av. Vélez Sársfield

Boedo

Av. Reg. de Patricios

Parque
Chacabuco

Av. Chiclana

Parque
de los
Patricios

Av. Caseros

Av. Cobo

Av. La Plata

Av. Varela

Barracas

Av. Pietro Moreno

Estadio
Pedro Bidegain

Autopista Cámpora

Villa
Soldati

Av. Escalada

Parque
de la
Ciudad

Parque
J. A. Roca

Valentín
Alsina

Pineyro

Avellaneda

LA PLATA

RP36

RN1

Av. Bartolomé Mitre

Av. Belgrano

Av. Coronel Roca

Av. 27 de Febrero

Autopista Camino Negro

Av. Hipólito Yrigoyen

RP14

Gerli

RP36

Villa
Fiorito

Av. General Hornos

Av. General San Martín

Lanús

RP14

Villa
Centenario

RP210

ÍNDICE GENERAL

MICRO Y MACRO CENTRO

SAN TELMO Y ALREDEDORES

RETIRO

NORTE

ÍNDICE GENERAL

PALERMO Y RECOLETA

EL SUR

CENTRO

CENTRO OESTE

MICRO Y MACRO CENTRO

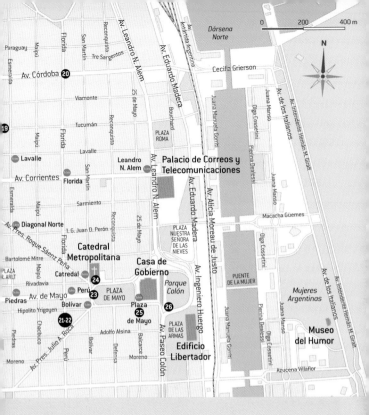

EL FRONTIS DE LA FACULTAD DE CIENCIAS ECONÓMICAS ❶

Av. Córdoba 2122
• Subtes: línea D, estación Facultad de Medicina / línea B, estación Pasteur

Una escena médica entre contadores y economistas

¿Qué tendrá que ver el dibujo en relieve que ocupa lo alto de la entrada de la Facultad de Ciencias Económicas con el tema de estudio de esta sede universitaria? Nada.

Lo que se ve en esa parte de la fachada –en términos arquitectónicos, el tímpano– es una mesa de operaciones, un enfermo, médicos, estudiantes y calaveras, todos moldeados en yeso y componiendo una típica escena hospitalaria. Otra interpretación es que se trata de una especie de clase abierta. Es que el edificio fue diseñado originalmente para que allí funcionara la carrera de Medicina y no la de Ciencias Económicas.

Construido por Francesco Tamburini –arquitecto italiano contratado por el Estado argentino, responsable del proyecto original del Teatro Colón y de la terminación de la Casa Rosada, entre otras obras–, el edificio, que abarca toda la manzana, se inauguró en 1908 como Escuela de Ciencias Médicas y Morgue Judicial. Sin embargo, pronto el lugar quedó chico y debió planificarse

la construcción de una nueva sede que pudiera albergar a toda la matrícula de esa especialidad. En 1945 se llevó adelante la mudanza y desde entonces el predio fue copado por futuros economistas y contadores públicos, ciertamente extrañados de tener que compartir sus libros diarios y balances con la morgue que siguió ocupando parte del predio, más precisamente sobre la calle Viamonte.

EL RESPIRADERO DEL CREMATORIO

Desde algunas ventanas interiores que dan al patio central, se puede ver una enorme chimenea de ladrillos que, lejos de ser un cálido sistema de calefacción, no es otra cosa que el respiradero del crematorio forense. El consuelo es que el horno ya no funciona.

Se dice que en los años 60, cuando la policía irrumpía en la universidad con sus "bastones largos", los estudiantes más politizados se escabullían por rincones secretos que comunicaban ambos edificios.

La parada del subte D que está justo en la puerta de la sede universitaria, sobre la avenida Córdoba al 2100, sigue siendo "Facultad de Medicina", en lugar de llamarse "Económicas". Es que cuando se inauguró el servicio subterráneo, todavía se dictaban allí clases para los futuros médicos, aunque ya estaba previsto el traslado a otro edificio cerca de allí. De todas maneras ya no se cambió el nombre de esa estación.

MUSEO DE LA GALERÍA AJEDRECÍSTICA ❷

Paraguay 1858
- Subte: línea D, estaciones Callao y/o Facultad de Medicina
- Se puede visitar todos los días, de 17 a 24hs. Entrada libre y gratuita.

> **Recrea la mítica partida de Alekhine y Capablanca**

La máxima atracción del Museo de la Galería Ajedrecística, instalado desde noviembre de 2013 en el Club Argentino de Ajedrez, es la mesa de ajedrez donde Alexander Alekhine le quitó el título de campeón mundial al cubano José Capablanca en el Buenos Aires de 1927. Hay una esfera de cristal sellada inmortalizando esa jugada. Fue el mismo embajador ruso, memorioso él, quien se ocupó de rearmar el final de la partida.

Además pueden verse planillas originales del mítico *match* y fotos, algunas autografiadas, de leyendas como Petrossian, Karpov y Kasparov, entre otros. El ajedrez, pero sobre todo la pasión rusa por el juego, están en este museo dinámico y dividido en galerías. Rusia es sinónimo de ajedrez en el mundo entero "y acá tratamos de mantener esa relación tan fuerte entre ambos países", dijo en su momento Claudio Gonçalvez, presidente del Club Argentino de Ajedrez, donde funciona la muestra permanente. La centenaria institución y la Casa de Rusia se unieron para organizar el museo donde es posible ver cartas manuscritas y fotos de Alekhine durante su estadía en la Argentina.

También hay imágenes de la llegada de Kasparov a la sede, mientras en la puerta lo esperaban alrededor de 5000 personas. El museo es un viaje por la historia de los tableros y del deporte inteligente y cuenta con una

decena de estaciones temáticas haciendo escala en cada una de las grandes figuras. No es un lugar menor para Rusia, ya que en esta sede se consagró el primer campeón mundial de ajedrez de ese país.

Prueba de ello es la "Estación 5ta" donde se observan como reliquias las actas de inicio y finalización de la batalla por el título. Otro buen ejemplo es la "Sala Duelo del Siglo" donde se ambienta el enfrentamiento político/ajedrecístico entre Bobby Fisher y Petrossian, cuando el norteamericano venciera a Petrossian en la semifinal del mundial de 1971, año en que se agotaron los tableros de ajedrez en todas las jugueterías porteñas.

MUSEO FORENSE DE LA MORGUE JUDICIAL ❸

Morgue judicial
Junín 760
• Subtes: línea D, estación Facultad de Medicina / línea B, estación Pasteur
• Visitas: lunes a viernes, de 9 a 15hs
• Entrada gratuita

Más de una vez, los empleados tuvieron que reanimar a un visitante...

Creado en la década del 20 dentro del edificio de la Morgue Judicial, el Museo Forense fue pensado como un espacio de interés médico-legal y de formación para estudiantes de Medicina y Derecho, alumnos de las escuelas de la Policía Federal, Institutos Penales, Gendarmería y Prefectura. Aunque también abre sus puertas al público.

La visita a este museo no es para cualquiera. Restos humanos, fotografías y calcos de yeso forman parte del recorrido que permite, por ejemplo, apreciar las diferencias entre las lesiones que presenta el cadáver de un hombre degollado por un homicida y las de otro que se suicidó cortándose el cuello, las piezas donde se muestra la trayectoria de las balas o puñaladas recibidas por una víctima y las reproducciones eproducciones anatómicas de cuerpos descuartizados. También está expuesta la cabeza de un delincuente famoso, Rogelio Gordillo, conocido como el Pibe Cabeza, muerto en un enfrentamiento con la policía en 1937. La idea no es espantar a nadie sino sacar una enseñanza de la muerte, explican los empleados de la morgue quienes reconocen que más de una vez tuvieron que reanimar a un visitante.

El sector menos impresionante cuenta con una serie de vitrinas que exponen los peligros que corren los chicos cuando juegan y se llevan pequeños objetos a la boca. Se ven laringes obstruidas por canicas, monedas y hasta por una uva. Otra curiosidad son las diversas maneras que han sido utilizadas con el correr de los años para trasladar y transportar sustancias ilícitas, desde panes de jabón, pelotas de tenis, zapatillas de doble fondo y muchos otros elementos que han servido como pruebas irrefutables y dan muestra también de la creatividad delictiva.

LA PORTEÑA ESTATUA DE LA LIBERTAD ❹

Callao 450
• Subtes: líneas B y D, estación Callao.

> **Inaugurada 25 días antes que su gemela más famosa**

Es probable que muchos hayan visto la pequeña Estatua de la Libertad que se alza en las barrancas de Belgrano, del lado donde se cruzan las calles 11 de septiembre y Pampa, hecha en hierro fundido rojo. Pero seguro ignoran que no es la única que tiene la ciudad de Buenos Aires: otra réplica exacta asoma en el vértice de la fachada de una escuela, en Callao 450. Y lo más curioso es que fue inaugurada 25 días antes que su gemela más famosa, la norteamericana.

Obra del arquitecto italiano Carlos Morra –encargado del diseño de la vieja Biblioteca Nacional, entre otros edificios monumentales–, el Colegio Normal Domingo Faustino Sarmiento abrió sus puertas el 3 de octubre de 1886. Basta recurrir a los archivos para verificar que recién el 28 de octubre del mismo año se descubría el monumento a la Libertad en la isla homónima, al sur de Manhattan.

Al parecer no se trata de una casualidad. El escultor Frédéric Auguste Bartholdi, autor de la célebre estatua, trabajó duro hasta lograr el modelo a escala real que finalmente se usó para montar la colosal figura pensada como obsequio del pueblo francés para el centenario de la Independencia de los Estados Unidos (aunque se demoró diez años). Uno de los tantos moldes habría servido para dar forma a esta réplica que corona el colegio y que resulta un guiño –se sabe que la estatua representa, en la simbología masónica, el conocimiento y el Sol– al gran maestre Sarmiento.

En cuanto a la de Barrancas de Belgrano, fue adquirida por la municipalidad de Buenos Aires por encargo a Francia y se la colocó en un pedestal de piedra. Esta imagen también tiene su secreto, escondido justo al pie. Para verlo hay que entrar en la plaza un momento –aunque está prohibido pisar el césped allí–, acercarse a la base y leer. "Fondu pour Le Val D´Osne 68, 8 rue Voltaire, Paris. A. Bartholdi". Es un original.

LA HUELLA DE OLMEDO EN LA CALLE CORRIENTES

❺

Av. Corrientes 1753
- Subte: línea B, estación Callao
- Colectivos: 6, 12, 24, 29, 60, 102, 168

*Una
estatua
a mis manos*

Poco después de la trágica muerte de Alberto Olmedo, en la calle Corrientes, justo llegando a Callao, apareció una columna bajita y hecha de ladrillos. En la parte superior aparecían las huellas de dos manos. Son ni más ni menos que las manos del mismísimo "Negro" Olmedo, una réplica exacta de las que tiene el Hotel Hermitage de Mar del Plata en su Paseo de las Estrellas.

"¿Que qué quiero que quede de mí?", le repreguntó el actor a un periodista. "Una estatua a mis manos en la calle Corrientes para que me miren y me digan 'Chau, Negro'. Nada más", completó a modo de epitafio. Tras su insólita muerte –cayendo de un balcón en 1988– se realizaron decenas de homenajes y en Corrientes esquina Callao se instaló su anhelo: al principio fue una placa donde aparecían sus manos cóncavas, un detalle que llegaba acompañado de una placa y una fotografía del actor.

Pero la historia de esas huellas no elude las desventuras del vandalismo urbano. La placa desapareció, lo mismo que la foto del inolvidable cómico rosarino. En 2009, tras una gestión de la Asociación de Amigos de la Calle Corrientes, se recuperó la placa, que exactamente se encuentra en Corrientes 1753, sobre la vereda del ex cine-teatro Alfil, donde el cómico había realizado su última temporada teatral en Buenos Aires, con la obra *El Negro no puede*.

En noviembre de 2010, ¿acaso desconociendo la existencia de este tributo?, el Gobierno de la Ciudad instaló una estatua del Negro Olmedo y de Javier Portales, su incondicional compañero de rating. Este monumento no pasa inadvertido en Corrientes y Uruguay, y recrea a Borges y Álvarez, los dos personajes que representaron los cómicos en el programa *No toca botón*. La inauguración generó una pequeña controversia porque los Amigos de la Calle Corrientes no entendieron si el nuevo homenaje era por desconocimiento del anterior o si se trataba de un particular fanatismo de Mauricio Macri, jefe del Gobierno porteño.

Lo cierto es que una y otra muestra de afecto –la conocida y la desconocida– conviven a pocos metros de distancia. Las manos de Olmedo y un cuadrado oxidado donde se lee el nombre del actor forman parte de un circuito menos turístico que bizarro.

EL "ERROR" DEL MURAL DE GARDEL EN AVENIDA CORRIENTES ❻

Av. Corrientes 1369
• Subtes: línea B, estación Uruguay / línea D, estación Tribunales

> *Carlos Gardel y el Obelisco no llegaron a conocerse*

Es un cartel publicitario que data de los años 50. Un gran mural hecho marquesina para una de las pizzerías tradicionales de Buenos Aires: Los Inmortales. Ubicado sobre la avenida Corrientes casi esquina Uruguay, el cuadro de Gardel replica ese mismo paisaje de "la calle que nunca duerme", un retrato de época donde se ve al cantor de tango con su gabán, guantes blancos, galera y bastón; detrás, los colectivos, los edificios, la propia pizzería… y el Obelisco.

Capricho del artista Carlos Leonetti que se permitió falsear la realidad. Es que el morocho del Abasto murió el 24 de junio de 1935 y el Obelisco porteño se inauguró once meses más tarde, tras una obra que llevó sólo 60 días, así que nunca llegaron a conocerse.

El óleo de Leonetti está inspirado en una fotografía famosa, perteneciente

a la película *Tango bar* –la última protagonizada por Gardel–. La reproducción que hay sobre la avenida Corrientes, de 3,80 de ancho por 2,10 de alto, se inauguró al cumplirse veinte años del trágico fallecimiento del cantor, a poco de abrir la casa de pizzas, en el mismo lugar donde hoy puede verse, montada sobre la terraza del local.

Quienes quieran apreciarlo de cerca, solo deben entrar a la pizzería. Al fondo, por encima del mostrador, se encuentra el mismo cuadro en versión más pequeña, además de viejas fotos del zorzal criollo que –de más está decirlo– no tuvo el gusto de probar la muzzarella de Los Inmortales.

OTRA "FALLA"

El observador agudo se dará cuenta de otra "falla" (o capricho): el tránsito de la calle porteña más famosa corre en sentido opuesto, en esta pintura. Detalle menor para una obra emblemática y popular que los críticos de artes plásticas se niegan a reconocer, por vulgar y poco meritoria.

LA PARTICULARIDAD DEL PASAJE RIVAROLA ❼

Bartolomé Mitre 1330
• Subte: línea A, estación Sáenz Peña. Colectivos: 5, 7, 98, 105

> *Los frentes de los edificios son idénticos*

El pasaje Rivarola corre de norte a sur, atraviesa la manzana demarcada por las calles Talcahuano, Uruguay, Perón y Bartolomé Mitre y tiene una particularidad que lo hace distinto: el juego de espejos que se da en los frentes de ambas veredas. No hace falta ser muy avispado para darse cuenta de que las fachadas, a uno y otro lado de la callecita, son idénticas. Las puertas, los balcones, las cúpulas, las ventanas, todo en perfecta simetría.

En total hay ocho edificios que tienen cinco pisos de altura. Las viviendas que están en las cuatro esquinas tienen cúpula y miradores. Cada casa, a su vez, posee su terraza y desde afuera se nota que los materiales que usaron para la construcción son de buena calidad: marcos de bronce, herrería fina, terminaciones clásicas. Adentro, hay pisos de mármol en los palieres y suben y bajan antiguos ascensores de rejas.

A pesar de tener casi un siglo de vida, el Rivarola está como recién hecho. Siempre se lo mantuvo perfecto y más de una vez se utilizó su paisaje ordenado y pulcro como escenario de películas y publicidades. Hasta fines de la década del 50 se conoció como "pasaje La Rural" porque el terreno fue cedido por la Sociedad de Seguros La Rural. Era una zona de "edificios de renta", como se les decía, debido a que solo se alquilaban a oficinas, mayormente a contadores,

abogados o escribanías. Al anunciarse la ley de Propiedad Horizontal los departamentos terminaron siendo comprados por distintos inquilinos. En los 60 pasó a ser públicamente conocido como pasaje Rivarola.

El pequeño recorrido rompe su monotonía llegando al final de la cuadra. Un reloj callejero, enorme y brillante como un astro, cuelga de uno de los frentes: es el Cementerio de los Relojes, un local antiquísimo donde son capaces de contar la historia del tiempo y pueden verse modelos de todo tipo, hasta relojes blandos como el que pintó Dalí. El lugar es célebre entre quienes buscan piezas inhallables.

ESTATUAS DE LA HELADERÍA EL VESUVIO ❽

Av. Corrientes 1181
• Subtes: línea B, estación C. Pellegrini / línea D, estación Tribunales

> *Un homenaje al tango escondido en el primer piso de una heladería*

El Vesuvio es una heladería que está en el mismo local de siempre (1902), en plena calle Corrientes. A esta altura, es parte del mobiliario urbano. Sus vitrales con un volcán humeando y descomponiendo la luz del día son considerados una obra de arte. El negocio fue inmortalizado por Astor Piazzolla y Horacio Ferrer en un tango. A Carlos Gardel también le gustaba comerse un cucurucho en este negocio insignia, aunque una vez le preguntaron si era su helado preferido y él, leal a sus gustos, habría mencionado el chocolate y la vainilla de Saverio.

A Jorge Luis Borges también le gustaba demorarse en El Vesuvio. Cuentan que alguna vez se cruzó con Tita Merello y ella, muy oronda, le dijo: "¡Borges, no lo puedo creer!" y Borges levantó la cabeza y devolvió: "Es verdad, la frutilla a la crema de esta heladería es increíble". Desde ya que el local fue declarado Sitio de Interés Cultural de la Ciudad Autónoma y además, en 2006, se descubrió una plaqueta donde se le agradece, en letras indelebles, su enorme aporte a la identidad ciudadana.

Fueron los Cocitore, unos italianos que se bajaron del barco, los primeros que trajeron al país una máquina manual para hacer helados. En esos años de manufacturas y artesanado se necesitaban dos empleados para operar la manija del enorme cilindro metálico que todavía prescindía de energía eléctrica. De esa manera se fabricaban los sabores. Con los años, El Vesuvio fue ampliando su rubro a confitería y fábrica de churros para mantenerse abierto todo el año.

El homenaje al tango está en la leyenda y las paredes, puntualmente en una donde pueden advertirse las figuras más representativas del género, exaltando, por tamaño, la de Carlitos. Es una pared coronada por un reloj donde los rostros del tango parecen haber sido arrancados de un viejo álbum de figuritas. Pero la cosa no termina ahí: en el primer piso se ve una serie de estatuitas a escala lilliputense del Gordo Troilo, Goyeneche y, por de supuesto, de Gardel. Los diseñó Paula Franzi, una escultora egresada de la Escuela Nacional de Bellas Artes. Detrás, en ese espacio que se usa como centro cultural, se exhibe una muestra permanente de cuadros alusivos al 2X4.

EL CHALET DE LA 9 DE JULIO ⑨

Sarmiento 1113, Microcentro
• Subtes: línea B, estación Carlos Pellegrini / línea D, estación 9 de Julio / línea C, estación Diagonal Norte.

> *Un mueblero que fue también pionero de la radiofonía nacional*

Hay que mirar para arriba, como si uno le apuntara al Obelisco. Allí, un extraño chalet fue construido en 1927 por un mueblero muy reputado que se llamó Rafael Díaz. Parece que el señor mandó a edificar la vivienda con un estilo similar al que tenía en su casa de Mar del Plata. Entre las 14 y las 16 h, don Díaz, como lo conocían todos, se retiraba de toda la actividad y, en medio del ruido más mundanal de la ciudad, se dormía una religiosa siesta de dos horas.

Ese fue el origen de la construcción que va a contrapelo de la lógica edilicia y que está ubicada en la cumbre de Sarmiento 1113. En un ejercicio que puede incluir dolores cervicales, entre los carteles publicitarios que balconean sobre Cerrito, la 9 de Julio y Carlos Pellegrini, aún se logra descubrir el techo a dos aguas. Ahora no, porque la cartelería le puso un muro a cualquier clase de horizonte, pero en los años 30 don Díaz se jactaba de poder ver, sin esfuerzo, la costa uruguaya de Colonia.

¿Qué pasa ahora en el chalet? ¿Se puede llegar? ¿Quién vive en la casita? Por suerte todo tiene una respuesta que convierte la imagen alucinada en una visita posible. Se llega fácil, por ascensor, y arriba funcionan, entre otras, las oficinas de la administración del edificio. El techo está hecho con tejas francesas, hay un *bow window* como en las películas inglesas y las baldosas del piso tienen unos arabescos que podrían subastarse en Sotheby's.

Este loco de la "colina", que literalmente estuvo a la altura de las expectativas cuando se construyó el Obelisco (1936) murió en los 60 y el negocio, así como el chalet, pasó a manos de sus hijos y, luego, de sus nietos. Un detalle no menor: aprovechando la elevación, Díaz se hizo instalar una antena, con su nombre gigante adosado al hierro, y creó su propia emisora en donde alternaba publicidades propias con largas tandas musicales. Se cree que Díaz fue un adelantado en el concepto de las radio FM… truchas: cuando se reguló la actividad, el hombre no quiso pagar ni un centavo y dio por concluido su *hobby*.

CÚPULA DEL EDIFICIO DE LA AV. RIVADAVIA 2009

⑩

Av. Rivadavia 2009
• Subte: línea A, estación Congreso

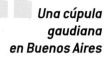

*Una cúpula
gaudiana
en Buenos Aires*

Un aire catalán sobrevuela el barrio de Balvanera a la altura de Rivadavia y Ayacucho. Justo en la esquina se encuentra una de las cúpulas más bonitas de Buenos Aires y la menos porteña de todas. Allí en la cima de una torre espejada pareciera haber estado la mano de Gaudí; un decir, ya que la verdadera mano que diseñó esa estructura, y el edificio todo, fue la del ingeniero Rodríguez Ortega, eterno admirador del famoso arquitecto español.

La construcción, inaugurada en 1914, consta de planta baja, entrepiso, cuatro pisos con departamentos y una terraza de 350 metros cuadrados que culminan en un cupulín con forma de cebolla, rematado por una veleta de hierro.

En 1999 el arquitecto Fernando Lorenzi, estudioso y admirador también de Gaudí, encaró la restauración del inmueble. Luego de una obsesiva investigación histórica, se colocaron estructuras de hierro en las barandas laterales, réplicas en escala de la famosa Puerta del Dragón del Palacio Güell y ornamentos igualitos a los de la Casa Batlló, en Barcelona. Para la cúpula, se usaron 952 piezas de vidrio espejado que cubren toda la superficie. A modo de epílogo, puede leerse sobre la cornisa de la ochava una frase en catalán que afirma: "No hi ha somnis impossibles" (No hay sueños imposibles).

EN LOS ALREDEDORES:

EL PALACIO DE LOS LIRIOS
Av. Rivadavia al 2031

Obra del mismo ingeniero de la cúpula de la esquina, el argentino Eduardo Rodríguez Ortega, el Palacio de los Lirios, llamado así por su fachada

cubierta de molduras con flores que parece estar flameando, sobresale como fiel exponente del estilo *art nouveau*, con su aire gaudiano.

Los lirios trepan por las paredes hasta cubrir por completo la edificación, dándole un aire algo fantasmal. En la terraza, un friso en forma de escamas de pez remata la cornisa, con un mascarón en el centro que alude a la figura de un dios griego. El edificio cuenta con protección integral del Gobierno de la Ciudad, mientras varios proyectos de ley buscan declararlo monumento histórico nacional.

LA CASA DE LA PALMERA ⑪

Riobamba al 100
• Subte: línea A, estación Congreso
• Colectivos: 2, 95, 60, 64, 86.

> **Dicen que Cortázar escribió "Casa tomada" inspirado en ella**

Si no lo leyeron, seguro que escucharon hablar de "Casa tomada" de Julio Cortázar, el cuento que relata la historia de dos hermanos que sienten que hay usurpadores que van tomando su residencia. Las habitaciones tomadas se cierran con llave y nunca más vuelven a ser visitadas. Esto tendría mucho que ver con la incomprensible Casa de la Palmera, tal como se conoce a la mansión tapiada por las hojas del árbol que tapa la fachada y está en Riobamba al 100, ahí nomás del Congreso de la Nación.

Dos siglos atrás, se dice que en esa residencia de estilo francés vivió la adinerada Catalina Espinosa de Galcerán, junto a su marido y seis hijos, cinco varones y una sola mujer, Elisa. Cuando Catalina murió, los hijos decidieron cerrar su cuarto tal como lo había dejado la viuda, sin tocar absolutamente nada. A cada hermano le tocó una parte de la considerable fortuna familiar, lo que les permitía vivir cómodamente sin tener que trabajar. Esa posibilidad a Elisa le fastidiaba porque sus hermanos no trabajaban ni estudiaban, lo que para ella era francamente indigno.

Lo cierto es que a partir de la muerte de Catalina se sucedieron otras muertes inexplicables. En poco tiempo, y en circunstancias extrañas, fallecieron los cinco hermanos varones. A medida que morían, Elisa cerraba las habitaciones y las clausuraba con llave para que nadie volviera a entrar.

Ella se quedó viviendo sola durante 40 años hasta que murió en un sótano de la ya por entonces descuidada mansión. La casa estuvo cerrada durante algunos años hasta que la alquiló una escuela que, curiosamente, se llamó Puertas Abiertas. Duró una exhalación. También funcionó el Instituto del Pensamiento Socialista. Idéntico destino. La historia, se cree, pudo servirle de inspiración a Cortázar porque el cuento es una perfecta metáfora del "ente extraño". Otras versiones indican que el argumento de "Casa tomada" no es más que una alegoría anti peronista.

Hoy, desocupada y estigmatizada, la Casa de la Palmera se encuentra amenazada por el "fantasma" de la demolición. Como en el cuento, el final de la leyenda aún mantiene una intriga.

LAS RÉPLICAS DE LAS ESCULTURAS DE LOLA MORA

⑫

Congreso de la Nación
Av. Entre Ríos 50
• Subte: línea A, estación Congreso
• Colectivos: 6, 12, 37, 50, 150

Proscriptas durante más de 90 años

Ocupan el centro de la fachada del Palacio Legislativo y sin embargo nadie sabe bien qué son esas dos estatuas anexadas a cada lado de la escalinata central, más allá de un ornamento decorativo. Ante todo, se trata de una reparación histórica. Y además, dos de las principales obras de Lola Mora.

La artista argentina creó a pedido de las autoridades parlamentarias este complejo escultórico que fue emplazado en el edificio en el año 1907: cuatro piezas de piedra blanquísima, colocadas de a pares, que representan la Libertad y el Progreso por un lado, y por el otro la Justicia, el Trabajo y la Paz. Pero cuando el trabajo estuvo terminado la crítica moralista quedó horrorizada (resultaba inaceptable ver el busto desnudo de una mujer) y la obra fue calificada de adefesio que insulta la memoria de aquellos a quienes pretende homenajear. Pronto las esculturas fueron removidas y permanecieron arrumbadas en un depósito hasta que, en 1921, las donaron a la provincia de Jujuy que las ubicó en los jardines de la Gobernación.

Tuvieron que pasar 93 años para que las estatuas volvieran a su lugar. Y ya no fueron las mismas. Como los jujeños se negaron a devolverlas, la presidenta Cristina Fernández de Kirchner (dispuesta a reivindicar a Lola Mora) ordenó replicarlas. Se escanearon en 3D y se calcaron los moldes en poliuretano rígido, que fueron luego rellenados con mármol molido, cemento blanco y hormigón armado. Luego se soldó pieza por pieza y en marzo de 2014 fueron repuestas en el lugar para el que fueron concebidas.

LOLA MORA, LA ARTISTA DEL ESCÁNDALO

Primera mujer escultora argentina, Dolores Candelaria Mora Vega nació en Tucumán, entre fines de 1866 y principios de 1867, nadie sabe bien. Ella se encargó de construir su propio mito y de alimentar todo tipo de rumores que se tejían alrededor de su figura.

Desprejuiciada y transgresora, Lola usaba pantalones, trepaba los andamios y esculpía cuerpos desnudos con una naturalidad que espantaba a los sectores más conservadores de su época. Se dijo que era bisexual, que fue amante de Julio A. Roca, que a los 43 años se casó con

un hombre 20 años más joven y que quiso entrar a la masonería pero la rechazaron por ser mujer.

Su obra más destacada, la fuente monumental Las Nereidas, también fue centro del escándalo, con esas ninfas desnudas emergiendo de las aguas. Aunque había sido encargada por las autoridades para ocupar el centro de la Plaza de Mayo, la curia puso el grito en el cielo y la fuente terminó en la plazoleta que está a espaldas de Casa de Gobierno. Hoy se la puede ver en el paseo de Costanera Sur, frente a la Reserva Ecológica.

EL TAPIZ DE SOLDI EN LA MUTUAL DE ACTORES ⓭

Asociación Argentina de Actores
Adolfo Alsina 1766
• Subte: línea A, estación Congreso
• Colectivos: 2, 37, 60, 64, 86, 105, 150

> ***Soldi comenzó pintando telones cinematográficos***

En el interior del edificio donde funciona la mutual de los actores, se encuentra *Alegoría,* un enorme tapiz que hizo el artista Raúl Soldi, uno de los cinco plásticos más importantes del país y que, de alguna manera, resume el espíritu del arte en escena.

Óleo hecho sobre un lienzo que mide cinco metros por dos, la obra no está ahí por casualidad, sino porque el pintor siempre tuvo cercanía con el circuito teatral debido a su trabajo como puestista y pintor de telones cinematográficos, una actividad que lo familiarizó con vestuaristas y gente del ámbito teatral en general. De ahí su detalle y el depurado conocimiento a la hora de encarar sus caracterizadas musas.

Los intérpretes, la danza, los cuerpos espigados de las bailarinas, los malabaristas y trapecistas, cada uno de los personajes del circo y del teatro inspiraron a Soldi, sobre todo en el período comprendido en la década del cuarenta, cuyo estilo se refleja en obras como *Pierrot y Blanco, el más albañil de los colores.*

Alegoría –así, a secas– sería un desprendimiento del *Alegoría de la música, el canto y el baile* (1965), un óleo que está fijado a una de las cúpulas del Teatro Colón. En aquel fresco se ven 51 coloridas figuras en escenas de *ballet,* ópera, concierto y grupos de instrumentos musicales. Si, como dijo un crítico de arte, "la obra de Soldi es una reiteración de encantos", el mural de los actores es la continuidad de una percepción acerca de la vida del pintor.

En este concepto, Soldi trató de capturar una memoria de colores que evoca la magia teatral. "Al poner las manos en el proyecto", dijo sobre la *Alegoría* original, "pensé en todo lo que acontece y alguna vez aconteció en el escenario. De este modo surgió la idea de esa ronda en espiral invadida por cincuenta y un figuras, incluyendo los duendes del teatro que logré rescatar escondidos en cada rincón».

ESCULTURA *EL PENSADOR* DE RODIN ⓮

Plaza Moreno, Congreso
• Subte: línea A, estación Congreso
• Colectivos: 8, 12, 39, 60, 86, 146, 168

> *Una de las tres esculturas originales de el Pensador de Rodin*

La obra más famosa de Rodin puede encontrarse en una plaza de Buenos Aires, y no hay que pagar entrada para verla. Más precisamente en Plaza Moreno, la que está pegada a Plaza Congreso y forma parte del espacio verde que se abre frente al Palacio Legislativo.

Ahí, a la intemperie y desde hace cien años, hay un hombre sentado que piensa. Solo. No hay gente sacando fotos, ni contingentes de turistas, ni nadie admirando tamaña perfección. Pocos saben que esa estatua de bronce patinado es nada menos que una réplica auténtica de *El pensador* de Rodin. Hay sólo tres en el mundo, fundidas en el molde original, y esta es una de ellas.

La célebre escultura es parte de la obra *Las puertas del infierno*, creada por el artista francés en 1880 e inspirada en la *Divina comedia* de Dante. Rodin hizo primero un minucioso modelo de la figura del pensador en yeso. Decía que ese hombre pensaba no sólo con el cerebro, sino con todo el cuerpo. La pieza se llevó luego a gran escala y recién fue presentada en público en 1904.

El propio escultor se encargó de hacer dos copias más con el molde madre. Y las selló con su firma. Mientras la original se encuentra en el museo de Rodin en París, otra se puede visitar en Filadelfia, Estados Unidos. La que llegó a Buenos Aires fue adquirida en 1907 por el entonces director del Museo Nacional de Bellas Artes, Eduardo Schiaffino, quien propuso colocarla en las escalinatas del Congreso de la Nación. Pero la escultura no tuvo esa suerte y fue a parar a la llamada Plaza Moreno, no muy lejos de allí aunque bastante más relegada y casi nada visible.

"A los turistas que me piden consejos sobre qué ver, les digo: crucen la calle, ahí tenemos un Rodin", dice un empleado del hotel Ibis, ubicado sobre Hipólito Yrigoyen al 1500, justo enfrente. Increíblemente, y a pesar de tratarse de una joya del patrimonio escultórico de la ciudad, el *Pensador* pasa completamente inadvertido.

UNO DE LOS DOS MONUMENTOS "BLINDADOS" EN LA CIUDAD

Expuesto a la intemperie, el monumento fue –como tantos otros en la ciudad– agredido una y otra vez, intervenido, grafiteado, hasta que el Gobierno decidió protegerlo hace unos años, colocándolo detrás de un vidrio. Hay sólo dos monumentos "blindados" en la ciudad. El otro es la fuente de las Nereidas, de la Costanera Sur.

EL KILÓMETRO CERO

⑮

Plaza Mariano Moreno, Congreso
Virrey Ceballos e/Rivadavia e Hipólito Irigoyen
• Subte: línea A, estación Sáenz Peña

> *Punto
> inicial de
> las rutas
> argentinas*

En la última de las plazas que hay frente al Palacio Legislativo, entre Hipólito Yrigoyen y Rivadavia, justo a la altura donde nace Virrey Ceballos, asoma un bloque de piedra tallada que oficia como punto de partida: el mojón que marca el kilómetro cero. El ombligo de la Argentina tiene sede en el barrio de Congreso. Ahí empieza a dibujarse el trazo de todos los caminos.

No busquen un alarde arquitectónico. El monolito, obra de los hermanos Máximo y José Fioravanti (este último, uno de los más destacados escultores argentinos), es de entre todos los monumentos y esculturas que habitan la plaza el más ignorado. Pocos saben que esa especie de terrón de azúcar, que apenas alcanza los dos metros de altura, es el padre de todos los mojones.

Sin embargo, propios y extraños le pasan por al lado sin siquiera mirarlo, con suerte obnubilados por la enorme estructura central de la avenida, la fuente, los caballos de bronce y el *Pensador* de Rodin (ver pág. 39).

Para reconocerlo, es preciso acercarse. En la cara sur puede verse el mapa de la Argentina en relieve, del lado norte un mosaico en mayólicas con la Virgen de Luján (Patrona de la República) y en otra de sus caras un homenaje a Don José de San Martín, prócer de la Patria.

Fue emplazado en 1935, durante el Gobierno del general Agustín Pedro Justo que, además de militar, era ingeniero y tenía cierta predilección por las obras de vialidad. Así es que el 5 de octubre, «Día del Camino», el kilómetro cero ancló en este punto de la ciudad.

¿Por qué en el Congreso? Dicen que se eligió ese lugar como un símbolo. Es que el origen mismo de este sistema de trazado y marcación de caminos se remonta a la antigua Roma, donde el emperador César Augusto erigió el *Milliarum Aereum*, una columna que señalaba el punto inicial de las rutas de su imperio, en torno del Foro, donde se congregaba el pueblo para discutir los asuntos públicos.

Hace unos años, después de ser blanco permanente de ataques vandálicos y saqueos, el monolito del kilómetro cero fue enrejado, al igual que el resto de los monumentos y esculturas de esa plaza.

SIMBOLOGÍA DEL PALACIO BAROLO   **16**

Av. de Mayo 1370
• Subtes: línea C, estación Av. de Mayo / línea A, estación Sáenz Peña
• Visitas guiadas: lunes, jueves y sábados. Llamar al 4831-1885
(consultar por visitas nocturnas)
• Visita libre de lunes a viernes en horario de oficina (edificio abierto al público)

> *Una alegoría de la Divina comedia*

Difícilmente exista alguien que no se haya detenido alguna vez a admirar el Palacio Barolo, uno de los edificios más bellos y enigmáticos de Buenos Aires. Aunque probablemente ignore que cada detalle de su construcción fue diseñado como una alegoría de la *Divina comedia*, la obra maestra de Dante Alighieri.

El responsable de tamaña empresa fue el italiano Mario Palanti, maestro de la arquitectura y autor de edificios majestuosos como el Roccatagliata (en Santa Fe y Callao), el pasaje Barolo, ícono de Avenida de Mayo o la concesionaria Fevre y Basset (hoy Museo Renault), con una pista para pruebas de autos en la terraza.

En el caso del Palacio Barolo, la edificación sigue a rajatabla la estructura literaria del poema. Si la *Divina comedia* tiene 100 cantos, el edificio ostenta 100 metros de altura. Son 22 pisos porque 22 son las estrofas. A su vez, los pisos están divididos en 11 módulos por frente, con 22 oficinas por bloque; números que para la numerología tradicional resultan símbolos sagrados y representan el círculo, la figura perfecta para Dante y los pitagóricos. El 22 representa los símbolos de los movimientos elementales de la física aristotélica. El 11 representa la Fede Santa y los templarios.

Toda la estructura se divide en tres partes: Infierno, Purgatorio y Paraíso. La planta baja presenta nueve bóvedas de acceso, dispuestas a lo largo del pasaje central, que representan los pasos de iniciación. Cada una de esas bóvedas está decorada con gárgolas diabólicas y serpientes, habitantes del Averno, y frases en latín tomadas de nueve obras distintas, desde la Biblia a Virgilio. Los pisos superiores (del 1 a 14) simbolizan la expiación de los pecados, y en lo más alto nace una torre que parece desprendida de la masa general del edificio, rematada en un faro, que representa a Dios.

La cúpula, explican los guías, está inspirada en templos hindúes de la región de Bhubaneshwar, en la costa este de la India. "Esos templos representan el amor y tienen una similitud asombrosa con el estilo de nuestra cúpula, por eso explicamos que simboliza la unión entre Dante y Beatrice, protagonistas de la historia", dice Tomás Thärigen, organizador de la visita (ver páginas 48-49).

El arquitecto Carlos Hilger, profesor de la Facultad de Arquitectura y amante de la historia del Barolo, explica que "Dante pertenecía a una logia medieval, la Fede Santa, al igual que Palanti. Esta hermandad, que perdura

hasta hoy, venera la figura de Dante como "obispo" y difusor de la metáfora moralizante del Infierno, Purgatorio y Paraíso, que mostraba tres modos de ser de la humanidad: vicio, virtud, perfección". Palanti –dice Hilger– viene a las tierras del purgatorio con un encargo constructivista: desarrollar un templo bajo la Cruz del Sur, un templo en el eje ascensional de las almas, celebrando el VI Centenario de la revelación de Dante. "El edificio es una maqueta ilustrada del cosmos siguiendo la tradición de la catedral gótica. Cada elemento constitutivo del templo tenía que hacer alusión a un símbolo", explica. En ese sentido, la misión fue cumplida.

LA CRUZ DEL SUR: ALINEADA AL FARO DEL PALACIO LOS PRIMEROS DÍAS DE JUNIO, DÍA DEL ANIVERSARIO DEL NACIMIENTO DE DANTE

Dante dice en la *Divina comedia* que la Cruz del Sur es la puerta al cielo. Con este dato y en un último esfuerzo, Palanti hizo el cálculo astronómico y el diseño correspondiente para que la constelación se pueda ver alineada al faro del palacio los primeros días de junio (en coincidencia con el aniversario del nacimiento de Dante), al caer la noche.

Para más información sobre Dante y el esoterismo de la *Divina comedia*, ver doble página siguiente.

EL PLAN SECRETO PARA TRAER LAS CENIZAS DEL DANTE

Los estudiosos del Barolo y de su simbología oculta alimentan la teoría de un presunto plan que habría tenido como objetivo guardar, en el edificio, el mausoleo con los restos de Dante Alighieri. No hay documentos que prueben la maniobra, pero sí rastros de que los ideólogos del palacio – el arquitecto Mario Palanti y el propio Luis Barolo– integraban una logia medieval secreta, la Fede Santa, que perdura hasta hoy y a la que hace siglos también perteneció Dante Alighieri, considerado por los miembros su gran "obispo". La leyenda dice que la sospechosa muerte de Luis Barolo en 1922, un año antes de inaugurarse su edificio soñado, pudo haber tenido que ver con el extraño robo de una escultura que representaba justamente a Dante subiendo al cielo. La figura había sido tallada por el propio Palatini que, en lugar de hacerla en su taller de Buenos Aires, decidió viajar a Italia y hacer allá la obra, para luego traerla terminada. Dicen que dentro de esa imagen llegaron ocultas las cenizas del poeta, que el dato se filtró y por eso se la robaron.

DANTE, LOS TEMPLARIOS Y LOS "FEDELI D'AMORE"

La época de Dante Alighieri (1265-1321) estuvo fuertemente marcada por la decadencia militar de la Orden de los Templarios y, sobre todo, por los encarcelamientos, persecuciones y condenas, y por su proscripción final ordenada por el rey de Francia, Felipe IV, y el papa Clemente V, manipulado por el rey. Estos actos afectaron tanto a Dante que se sublevó contra estas injusticias denunciándolas ante el poder político. Llegó incluso a participar en un acto ocurrido en Florencia a favor del papa Bonifacio VIII: en 1302, Felipe IV reunió los Estados Generales, acusando al soberano pontífice de herejía, y en 1303 envió a sus tropas al Palacio de Agnani, en Florencia, para mantener prisionero al Papa durante tres días.

Los Templarios, que formaban la guardia personal del Papa, contaban con el apoyo de la burguesía local, entre la que se encontraba seguramente Dante, y lograron liberar a Bonifacio VIII. Éste, sin embargo, falleció un mes más tarde en circunstancias poco claras, y se llegó incluso a decir que fue envenenado. Felipe IV apoyó el nombramiento inmediato de Clemente V y empezó a perseguir a los templarios hasta que la orden se extinguió, a pesar de la delegación que acudió a Roma en 1307 ante el Papa, y en la que estaba Dante, para probar la inocencia de los templarios.

Se cree que Dante adoptó la creencia religiosa y social de los templarios frecuentando la sede florentina en San Jacopo, en el Campo Corbolini. De hecho, la construcción de esta iglesia de San Jacopo Sopr'Ano les está atribuida.

Los templarios buscaban transmitir, a la cristiandad sobre todo, y a la sociedad en general, su ideal de perfección espiritual y de justicia temporal especialmente mediante la poesía, el canto y la prosa de la Cofradía de trovadores, hombres de libre pensamiento y adeptos a la filosofía del amor espiritual, que se oponían constantemente a la dominación de la Roma temporal. Dante formaba parte de los *Fedeli d'Amore* (Fieles de amor).

La Cofradía de trovadores y juglares se había expandido por toda Europa, encontrándose los primeros indicios en la poesía de los siglos X y XI, formada por alabanzas a la Madre de Dios y bendiciones de la humanidad.

En el linaje de los antiguos vates (adivinos) y bardos, los trovadores difundían, mediante cantos de amor y canciones satíricas, numerosas verdades iniciáticas, siguiendo así las órdenes de los Grandes Maestros espirituales que les guiaban. Eran, por así decirlo, los "portavoces" de estos iniciados europeos y de las distintas órdenes iniciáticas de la época. Existía una profunda relación entre ellos y la espiritualidad del Temple.

Indignado por la sangrienta extinción de la Orden de los Templarios, Dante quiso dejar a las futuras generaciones la crónica de las verdaderas intenciones del Temple: lo hizo de un modo magistral escribiendo la obra maestra de la literatura: *la Divina Commedia* (La Divina Comedia). Como dato interesante, en el *Paraíso*, a partir del tercer cielo, es san Bernardo de Clairvaux, padre espiritual de la Orden de los Templarios, quien guía a Dante por los distintos mundos celestes y le muestra la visión de Dios. Del mismo modo, en el cielo más elevado, el poeta se encuentra con Beatriz, su alma amada y expresión de la gracia divina. Está la visión de la rosa blanca con un triángulo en el centro, que expresa el amor de la Santa Trinidad, siendo también la rosa el símbolo que adoptaron los *Fedeli d'Amore*.

Con el fin de expresar su indignación contra Roma y contra el latín, su idioma dominante, Dante Alighieri escribió *la Divina Comedia* en su dialecto local, el toscano (muy cercano a lo que es hoy el italiano), primera señal de su distanciamiento con Roma. De un modo significativo, en el octavo círculo llamado *Malebolge* ("Fraude"), Dante incluye a dos Papas: Bonifacio VIII, previendo su condena por simonía, o venta de "favores divinos", y Clemente V, Papa corrupto que firmó el final de los templarios.

la Divina Comedia (llamada así no por ser divertida sino porque acaba bien para los personajes que acceden al Paraíso) se compone de 100 cantos, con un total de 14.233 versos. Sus tres cánticas (*Infierno, Purgatorio* y *Paraíso*) comprenden cada una 33 cantos de 40 a 50 tercetos respectivamente. El *Infierno* incluye también un canto introductorio (preámbulo) que permite llegar a la cifra 100, número simbólico de la Perfección Absoluta (100 = 10x10 = la perfección de lo perfecto), que aparece, por ejemplo, en los 100 nombres del Dios del Islam. Cada canto contiene de 130 a 140 versos en tercia rima (tercetos encadenados).

Así pues encontramos en la obra los números 3, 7, 10 y sus múltiplos, indicios de un fuerte simbolismo de cultura medieval y de devoción del autor por la Santa Trinidad de la que los templarios son devotos. Esta armonía determina la métrica adoptada, como los versos endecasílabos (11 sílabas) y las rimas según el esquema ABA, BCB, CDC, VZV (el verso central rima con el primero y el tercero de la siguiente estrofa). Esta estructura ha sido denominada *terceto dantesco*, ya que Dante fue el primero en usarla. Las tres cánticas acaban en rima, con la misma palabra en el último verso: *Stelle* (estrellas), que recuerdan a María, la madre de Jesucristo, llamada a menudo *Stella Maris*, venerada en especial por los templarios.

BEATRIZ: UN SÍMBOLO EN EL CAMINO DE LA ILUMINACIÓN ESPIRITUAL

Dante cuenta que conoció a Beatriz cuando tenía 18 años, aunque ya la había visto una vez y se había fijado en ella, cuando él tenía 9 años y ella, 8. Algunos dicen que sólo la vio una vez y que no habría hablado nunca con ella. No disponemos de elementos biográficos para corroborarlo.

Beatriz Portinari, en italiano *Beatrice (Bice) Portinari*, según los datos biográficos facilitados exclusivamente por Dante en la *Vita Nuova*, habría nacido entre 1265 y 1266 y fallecido el 8 de junio de 1290. Fue identificada como la hija del banquero Folco Portinari, de Portico di Romagna, quien le habría legado, por testamento fechado en 1287, una importante suma de dinero. Contrajo matrimonio con el caballero florentino Simone de Bardi, con quien tuvo seis hijas, y vivió en Florencia en una casa vecina a la de Dante. Fundó el *ospedale di Santa Maria Nuova*, hoy hospital central de Florencia.

Conocida por su caridad cristiana, por los ditirámbicos homenajes de Dante Alighieri, Beatriz fue inmortalizada en Florencia como *Beata Beatrice*. Es así como Gabriel Rossetti la representó, en 1864, en un cuadro donde se le aparece la paloma del Espíritu Santo con una rosa en el pico. La rosa era la señal distintiva de los *Fedeli d'Amore* (ver pág. 47) y también la flor de la iluminación espiritual y de la Revelación. Es por ello que se nombra la *Rosa mística* en la letanía de María.

En el *amor cortés* del siglo XII al XV se exalta, por primera vez desde los gnósticos de los siglos II y III, la dignidad espiritual y el valor religioso de la mujer, ya que los textos gnósticos exaltan tanto a la Madre divina como al "silencio místico", al Espíritu Santo y a la Sabiduría divina. Si la devoción a la Virgen, predominante en la época medieval, santificaba a la mujer de una manera indirecta, Dante fue aún más lejos: deificó a Beatriz, la proclamó superior a los ángeles y a los santos, inaccesible al pecado, casi comparable con la Santa Virgen. Cuando Beatriz está a punto de aparecer en el *Paraíso terrestre*, alguien exclama: "`Ven conmigo del Líbano, esposa mía" (*Purgatorio, XXX, 11*), célebre pasaje del *Cantar de los Cantares* (4:8) utilizado por la Iglesia para alabar a la Madre de Dios.

En otro pasaje (*Purgatorio, XXXIII, 10 s.*), Beatriz se aplica a sí misma las palabras de Cristo: "Dentro de poco ya no me veréis, y dentro de otro poco me volveréis a ver." (Juan, 16:16). Dante presenta a Beatriz, símbolo de

Sabiduría y por tanto del misterio de la Salvación, durante los tres viajes iniciáticos al Infierno, al Purgatorio y al Paraíso, como la idealización del eterno femenino y el medio privilegiado para conectar con una metafísica destinada a despertar y salvar al hombre.

La salvación del alma humana a través del amor y de la mujer también era proclamada por el movimiento de los *Fedeli d'Amore* e implicaba una gnosis oculta y una estructura iniciática, como se puede ver en la *Vita Nuova* (Vida Nueva) que Dante dedicó a Beatriz. En esta obra escrita entre 1292 y 1293, Dante presenta la iniciación a través del amor espiritual y la mujer como símbolo del *Intellectus illuminatio*, de la Inteligencia trascendente, de la Sabiduría divina destinada a despertar al mundo cristiano del letargo en el que está sumido por las indignidades espirituales de los Papas. Encontramos pues, en los textos medievales de los *Fedeli d'Amore*, alusiones a "una viuda que no lo es": es la *Madonna Intelligenza*, que ha sido convertida en viuda porque su esposo, el Papa, murió para la vida espiritual entregándose por completo a los asuntos mundanos y a la corrupción.

El culto a la "mujer única" y la iniciación al misterio del amor hicieron de los *Fieles de Amor* una milicia espiritual y secreta que usaba un lenguaje oculto para que su doctrina no fuera accesible a "la gente vulgar" como lo afirmaba Francesco da Barberino (1264-1348), uno de sus más ilustres miembros. Otro *Fedeli d'Amore*, Jacques de Baisieux, decía: "no se deben revelar los consejos de amor; hay que guardarlos celosamente". Repartidos por toda Europa y ligados a trovadores y juglares, los *Fieles de Amor* expresaban el ideal del eterno femenino unido al don supremo del Espíritu Santo, que llamaban *Santo Amor*.

Con el culto a Nuestra Señora, y su difusión, aseguraban la presencia del Paracleto (o "Consolador") en los pueblos donde se instalaban. Eran recibidos con las puertas abiertas en todas las cortes reales que se convertían rápidamente en "cortes de amor". Fue, sobre todo, el caso de las cortes de Alfonso X El Sabio, de Castilla y León, y de Dom Dinis, el Rey Trovador, de Portugal.

No se trataba, propiamente dicho, de un movimiento herético sino más bien de un grupo de librepensadores, escritores y artistas que protestaban contra la corrupción de la Iglesia y que ya no reconocían el prestigio de los Papas como jefes espirituales de la cristiandad. Esta oposición aumentó considerablemente después del sangriento exterminio de la orden de los Templarios, perpetrado por el rey de Francia, Felipe IV, y su "adjunto", el papa Clemente V.

Salvando la realidad de sus circunstancias biográficas, Beatriz es ante todo, para el poema de Dante, el símbolo de la mujer perfecta, de la gracia divina y el alma enamorada que consolida su inmortalidad espiritual. Como ejemplo de un camino de purificación mística a seguir, Beatriz representa el despertar interior de Dante tras su exilio y sus peregrinaciones como viajero en busca de la purificación para encontrarse al fin y alcanzar su alma inmortal, simbolizada por Beatriz.

LOS ARMARIOS DEL BAÑO TURCO DEL HOTEL ⑰ CASTELAR

Av. de Mayo 1152
- Subtes: línea A, estación Lima / línea C, estación Av. de Mayo
- Los no huéspedes pueden visitarlo previo llamado al 4383-5000

> **Los armarios célebres están identificados con placas**

Ringo Bonavena. Aníbal Troilo. El *crack* boquense Paulo Valentim. Sandro. Ricardo Balbín. Estos son algunos de los nombres que figuran escaleras abajo, en las entrañas de la avenida de Mayo, donde están los baños turcos más antiguos de la ciudad. Allí se alinean como en una *brochette* ilustres que, seguro, tenían algo en común: a todos les gustaba andar envueltos en toallas blancas, liberando toxinas.

El paseo menos difundido del mundo conserva los mismos armarios desde su inauguración casi centenaria. El Hotel Castelar data de 1929 y, si bien es célebre por haber albergado a Federico García Lorca (ver pág. 53) durante su larga estadía porteña, es el lugar que recibía a ídolos populares como Sandro y los arropaba en sus interminables siestas, como cuentan los empleados del

sauna, inesperados guías subterráneos. Sandro venía, fumaba dos atados en un lugar repleto de humo, tomaba *whisky* natura, dormía. Acá abajo, el mismísimo Ricardo Balbín, viejo prócer radical, discutió el histórico abrazo con Perón. Acá mismo, en el primer *placard* de la fila empezando por la izquierda, el Gordo Troilo se cambiaba dos veces por semana y era capaz de regalar plata a otros *habitués* con tal de que se compraran sus discos. En el antiguo frigorífico de madera que aún funciona, casi en la entrada, Ringo Bonavena dejó una enorme grieta con su puño derecho, enojado porque tardaban en atenderlo.

Más nombres propios: Pascual Pérez, Edmundo Rivero, Tato Bores, Armando Bo, Javier Portales. Cada uno con su placa de identificación bien lustrada y un montón de anécdotas que se cuentan como mitos urbanos. Algunas plaquetas se las robaron, comentan los guías imprevistos y aclaran que cualquiera puede cambiarse en el armario de su ídolo sin pagar un peso de más.

El lugar, destinado a caer en el olvido, es tan poco conocido por su valor histórico-testimonial que el hotel no organiza visitas, pero acepta –previo llamado a la recepción– que uno se acerque con su cámara de fotos sin necesidad de utilizar el servicio. Ni los estudiosos del patrimonio repararon en este recinto anecdótico con ínfulas de *memorabilia*.

El famoso folclorista Horacio Guarany también tiene su cómodo *placard* en el Castelar, bien cerquita del de Troilo. Mientras tanto, el "dirigente agropecuario" Alfredo De Angeli –como se lee en su bronce– se hizo poner la plaqueta en un sugestivo corralito. Bien despegado del resto.

LA HABITACIÓN DE GARCÍA LORCA · 18

Hotel Castelar, Avenida de Mayo al 1100
• Visitas guiadas (una hora y media) todos los miércoles
• 20 pesos

"Tu llegada es una fiesta para la inteligencia"

Un cuarto pequeño y sencillo. La cama de hierro está igual que en 1933, cuando el genial poeta y dramaturgo llegó al país para presentar *Bodas de sangre*. También hay un escritorio con un dibujo hecho por él y un diario cuyos titulares remiten a la guerra civil española. La habitación 704 del hotel Castelar, donde se alojó Federico García Lorca, permanece inmune al paso del tiempo.

"Buenos Aires tiene algo vivo y personal; algo lleno de dramático latido. Yo sé que existe una nostalgia de la Argentina, de la cual no quiero librarme". Lo escribió en este lugar al que nunca más volvió: poco después, el Franquismo lo detuvo y lo fusiló.

García Lorca había llegado a Buenos Aires invitado por Lola Membrives. Pensaba quedarse un mes pero, según la leyenda, la ciudad lo tomó por completo. A tal punto que se quedó casi medio año. En esa habitación lo visitaron sus amigos Alfonsina Storni y Pablo Neruda. Es más, toda su estadía porteña fue en la habitación del hotel Castelar que, desde fines de 2012, es un pequeño museo.

Eran los días en que Lorca compartía la mesa de El Tortoni con Oliverio Girondo, Carlos Gardel, Victoria Ocampo y otros. Los intelectuales locales le escribieron un telegrama donde se leía: "Tu llegada es una fiesta para la inteligencia".

A pedido de los turistas, el hotel Castelar armó una recreación del cuarto donde durmió y escribió el poeta andaluz. La 704 está en el séptimo piso y fue utilizada como habitación hasta mediados del 2003. Ese año empezó a delinearse el espacio de homenaje, con una ambientación tipo años 30, donde hay un reloj cuyas agujas se detienen a las 17, el horario en que comenzó la Guerra Civil que lo fusilaría en 1936 por su orientación política y sexual.

De todos modos, el cuarto no pudo ser reconstruido tal como lo vivió García Lorca en su estadía porteña. De acuerdo con las autoridades del hotel Castelar, no hay documentación que indique cómo era exactamente la habitación en esa época.

En las paredes del *hall* que conducen a la pieza pueden verse los personajes de *La zapatera prodigiosa* y *La casa de Bernarda Alba*. La visita guiada permite, además, conocer la vida de García Lorca a través de pequeños textos y fotografías que se desparraman por todo el séptimo piso. Pueden verse desde el acta de nacimiento hasta cartas escritas de puño y letra por el poeta que, al partir, señaló: "En cada calle, en cada paseo dejo un recuerdo mío".

MUSEO DE INFORMÁTICA

Tucumán 810
• Subtes: línea C, estación Esmeralda / línea D, estación 9 de Julio / línea B, estación Diagonal Norte
• http://museodeinformatica.org.ar
• Tel. 4393-3580 (consultar por la exposición itinerante)

> *Cada aparato se encuentra funcionando*

L a Commodore 64 acaso sea el primer registro tecnológico en la memoria emotiva del argentino que asistió al desembarco de las computadoras hogareñas, a mediados de los 80. Y es, sin dudas, una de las *vedettes* del Museo de Informática, solo una de las cinco mil piezas que atesora el subsuelo de la calle Tucumán.

Es curioso que un puñado de aparatos que acumulan poco más de cuatro décadas adquiera la categoría de reliquia. La colección que hoy exhibe la Fundación ICATEC (Informática, Computadoras y Accesorios Tecnológicos) arrancó como un catálogo particular de Carlos Chiodini, aficionado en juntar toda clase de equipos. Viejas PC, calculadoras, celulares, disqueteras. Pronto el acervo de este hombre excedió los límites de su casa y en 2010 decidió crear el museo. "El primero en Argentina y el quinto en el mundo", se jacta Chiodini.

No se trata de un depósito. La particularidad que tiene el museo ICATEC es que cada aparato "funciona". Un equipo de expertos y colaboradores trabaja en la restauración y mantenimiento de las piezas que integran esta muestra en constante evolución. La legendaria IBM 5150, la Apple Lisa –bautizada por el propio Steve Jobs en honor a su hija–; la Altair 8800, de las primeras que usó Bill Gates, son solo algunos de los cientos de dispositivos electrónicos que dejan en evidencia la vertiginosa evolución de esta era tecnológica.

A diferencia del museo de la historia de la computación (Computer History Museum) de Mountain View, California, ubicado en un edificio emblemático que perteneció a Silicon Graphics, el ICATEC apenas cuenta con espacio para guardar las piezas. Es que a pesar de haber sido declarado de interés

cultural para la ciudad, la Fundación no recibe ayuda económica y debió cerrar su sala de exposiciones por falta de fondos. Por ello, organiza permanentemente muestras temáticas e itinerantes para poder exhibir el material que atesora.

FRAGMENTO DE BERNI EN GALERÍAS PACÍFICO

⓴

Av. Córdoba y Florida
• Subtes: línea C, estación Lavalle / línea B, estación Florida

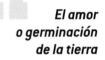

> *El amor
> o germinación
> de la tierra*

Son conocidos los frescos de la cúpula central de Galerías Pacífico. La gente que visita el *shopping* va y levanta la cabeza, dice "¡qué lindo!" y saca fotos con su telefonito celular. Pero la propuesta es enfocarse hacia arriba para notar que un retazo de esta Capilla Sixtina comercial lleva la firma del maestro Berni.

En 1946 se convocó a cinco muralistas para que dejaran su huella en los 450 metros cuadrados de hormigón que forman la cúpula central de este edificio, que ocupa una manzana completa y fue diseñado especialmente para convertirlo en un centro comercial de referencia con las últimas tendencias de la moda a nivel mundial.

La idea, que seguramente provocó una tortícolis inédita, contó con el talento de Castagnino, Berni, Spilimbergo, Colmeiro y Urruchúa, quienes aceptaron sumarse a la decoración saturada de iconografías ilustrativas y sociales de distintas culturas. Aunque se dice que los murales acumulan un sinnúmero de símbolos creando una suerte de colorida Pangea, quienes se tomaron el trabajo de estudiar el fresco combinado entienden que cada uno de los artistas tomó su propio camino, desconociendo el convenio original del trabajo en equipo.

Las creaciones particulares e individuales terminaron organizando un *collage* disperso, según los entendidos, donde la creación personal desorienta un poco la comprensión, pero sin dejar de sugestionar a los visitantes. El mural de Berni se llama *El amor o germinación de la tierra* y juega con el cielo y lo conocido, acaso como una característica menos espiritual que empírica sobre la ubicación atípica del mural.

En el pedazo de techo de Berni pueden verse siete figuras volando y, por si se complica la búsqueda, se lo encuentra ingresando por la calle Florida, yendo hacia el centro del salón y observando arriba a la derecha. Allí hay una pareja de novios recostados sobre el tronco de un árbol que le da el plano tangible a la obra. Desde esa imagen realista y figurativa se proyecta un campo onírico y alegórico. Llegó a decirse que no había nada del trazo de los muralistas mexicanos y comprometidos de la época sino que, por el contrario, la composición parecía incluso darle la espalda a Siqueiros y a Diego Rivera.

EL VESTIDOR DE EVITA

㉑

Palacio de la Legislatura, Perú 160.
• Subtes: línea A, estación Perú / línea E, estación Bolívar
• Para visitas guiadas, llamar al 4338-3000 int.1040/1041

> *La intimidad de Evita*

L a intimidad de Evita, revelada en un rincón de la Legislatura porteña. Un tocador, su guardarropa, tres baños, aparecen como una trastienda rescatada del olvido en el lugar donde –pocos lo saben– funcionó durante seis años la Fundación Eva Perón, entre 1946 y 1952.

Ubicado en la planta principal del palacio, detrás del Salón Dorado, el espacio tiene 60 m² y fue restaurado hasta en los detalles más insignificantes: carpinterías, herrajes, cortinas. Todo el conjunto está revestido por mármol italiano, el original, que fue recuperado y pulido a mano para lograr la opacidad real que le hubiera dado el paso del tiempo.

Evita pasaba muchas horas del día en ese lugar (su despacho era el mismo que había usado Perón del 43 al 45 cuando ahí estaba la Secretaría de Trabajo y Previsión). Es conocido que ella atendía personalmente a cada uno de los que a diario se presentaban en la Fundación con todo tipo de necesidades y pedidos de ayuda social. Siempre impecable, Eva solía utilizar el anexo para cambiarse de ropa y asearse. Incluso se conserva un gran espejo en la antesala, que ocupa una pared completa.

Hubo un enorme trabajo para lograr reconstruir todo el sector. La Revolución Libertadora se había encargado de borrar cualquier vestigio peronista y de ese escondrijo solo quedaba una plaquita de bronce con la referencia menos pensada. Cuando la descubrieron, en 2005, el lugar se había convertido en una enorme oficina, subdividida por placas de Durlock y hasta funcionaba como depósito. El plan incluyó el rescate de piezas abandonadas en el propio edificio, como los sanitarios y muebles originales en estado de absoluto deterioro, además de una investigación que, en base a fotografías, consiguió recrear el espacio tal cual estaba en aquellos años.

LOS PASEOS DE PERÓN Y EVITA POR LA PÉRGOLA DE LA TORRE

Durante unos años (1946-1952) la Fundación Eva Perón tuvo sede en el edificio de la actual Legislatura. Por entonces Juan Domingo Perón ejercía su primera presidencia. Las crónicas de época cuentan que el general solía visitar a su esposa cuando caía la tarde y se tomaban un descanso en la pérgola ubicada en la terraza del palacio. El sector, los jardines y el patio interior fueron completamente restaurados y hoy se pueden visitar.

LA VISITA GUIADA DE LA TORRE DEL RELOJ DE LA LEGISLATURA

㉒

Perú 160
- Subtes: línea E, estación Bolívar / línea A, estación Perú / línea D, estación Catedral
- Visitas guiadas: todos los días, a excepción de los jueves
- Para solicitar los recorridos, contactarse al tel. 4338-3000, internos 1040/1041, de lunes a viernes de 10 a 18 hs

> *Perón solía pasear por la pérgola de la terraza junto a Evita*

Es uno de los pocos relojes monumentales que conserva la ciudad. ¡Funcionando! Puntual, a cada hora, un concierto de campanas resuena; solo hay que levantar la vista y seguir el rastro de las palomas que salen espantadas, para encontrarlo y confirmar que se trata de una joya arquitectónica y patrimonial.

Ubicado en la cima del Palacio Legislativo porteño, en una torre de 97 metros, de las más altas que hay en el casco histórico de Buenos Aires, el enorme reloj tiene cuatro cuadrantes de 4 metros y medio de diámetro cada uno. Durante 1931 (año en que se inauguró el edificio) fue el más grande del mundo. Pero lo más encantador de todo es el carrillón: fabricado en Alemania, cuenta con treinta campanas que suman entre todas 27 toneladas, la mayor de ellas en tono *sol* y la menor en *do*; y una pianola de madera que permite ejecutar distintas melodías, además de reproducir las que trae ya grabadas, como "La canción de cuna" de Brahms o "Noche de paz". Y hasta hay registros de que llegó a tocar la "Marcha fúnebre", en 1933, durante el velatorio del intendente José Guerrico.

Aunque parezca mentira, durante años, tanto el reloj como la pérgola permanecieron cerrados y cayeron en un preocupante estado de abandono hasta que, a principios de 2013, se encaró una compleja obra de restauración.

Desde entonces, volvieron las visitas guiadas. Se accede a la torre por escalera o ascensor y se puede llegar hasta el cubículo que está detrás del cuadrante del reloj, donde hay otra escalera menor que conduce directo al campanario. La visita incluye otro secreto imperdible: el vestidor de Evita (ver doble página anterior).

EL PASAJE ROVERANO

(23)

Av. de Mayo 506
• Subtes: línea A: estación Perú / línea D: estación Catedral / línea E: estación Bolívar
• Colectivos: 2, 7, 24, 33, 50, 62, 86, 91, 105, 152

> **El único edificio de la ciudad con entrada propia al subte**

Una rareza por donde se la mire. Lo llaman pasaje pero de calle no le queda ni el número de registro catastral: es una galería, ubicada en la planta baja de un edificio centenario sobre Av. de Mayo al 500, que comparte medianera con el Cabildo y tiene la particularidad de ser el único en la ciudad con entrada propia al subte.

El pasaje Roverano lleva el nombre de quienes fueron sus propietarios, los hermanos Ángel y Pascual, primera generación de hijos de inmigrantes italianos que vinieron a "hacerse la américa". Comerciantes con plata y visión de futuro, mandaron construir en 1878 un edificio de lujo pensado para oficinas que aún conserva el estilo de la época: enormes vitrales, columnas de mármol, carpinterías originales en bronce y vidrieras curvas en los locales –el dato es la barbería que sobrevive desde entonces, justo al frente, y que supo tener hasta hace muy poco entre sus clientes *habitués* al cardenal Jorge Bergoglio, hoy papa Francisco–.

Cuando en 1888 empezaron los trabajos de apertura de la avenida de Mayo, se expropiaron algunas edificaciones y otras debieron modificarse para abrir paso a la nueva traza. El pasaje Roverano fue uno de los que quedó afectado por el cambio. En compensación, las autoridades porteñas le otorgaron en 1915 un pequeño privilegio: el permiso para que el lugar tuviera un acceso directo y exclusivo a la flamante línea A del subterráneo. De esta manera, se puede llegar a la estación Perú desde cualquiera de los pisos, solo tomando el ascensor y sin necesidad de salir a la calle.

Aunque el pasaje es propiedad privada, el sector de la galería comercial está abierto al público. Quien lo visite tendrá la posibilidad de comprobar la curiosidad, siempre que encuentre el pasillo indicado que conduce a las profundidades de la ciudad.

HISTORIAS *POUR LA GALERIE*

Un catálogo de mil anécdotas guarda, en sus pasillos y oficinas, el pasaje Roverano. A principios de los años 30, tuvo un paso esporádico por el edificio Antoine de Saint-Exupéry, autor de el *Principito*, que trabajaba para la Compañía Aérea Nacional, con sede en el segundo piso. Cada tanto pasaba por ahí a buscar las sacas de correo que trasladaba en su monoplano desde la capital a la Patagonia.

Otra de las oficinas fue escenario de un encuentro histórico, en 1970, entre Ricardo Balbín y un enviado de Perón –primera vez que se juntaron radicales y peronistas– para definir lo que se llamó luego La Hora del Pueblo, una alianza que logró terminar con la dictadura militar que había derrocado a Illia.

LAS PIRÁMIDES EGIPCIAS DE LA CATEDRAL ❷④ METROPOLITANA

Av. Rivadavia 437
• Subtes: línea A, estación Perú / línea D, estación Catedral / línea E, estación Bolívar

> *El lugar del reencuentro del patriarca José con su padre Jacob y sus once hermanos*

A soman por detrás de la figura que cubre en relieve el tímpano de la fachada de la Catedral Metropolitana y logran desconcertar a quienes las descubren: las pirámides egipcias más famosas forman parte de la escena bíblica representada en lo más alto del frontón de esta iglesia declarada Monumento Histórico.

La imagen simboliza el reencuentro del patriarca hebreo José con su padre Jacob y sus once hermanos, que conformaban las doce tribus de Israel. Según las Sagradas Escrituras, el abrazo entre Jacob y José ocurrió en la corte del faraón de Egipto y por eso aparecen de fondo los perfiles de las pirámides de Guiza, que recuerdan a los faraones Keops, Kefrén y Micerino, como una referencia ineludible del lugar que fue testigo del abrazo entre padre e hijo.

La inauguración de la obra fue a mediados de 1863 y aunque alguna vez se dijo que el creador había sido un preso al que se había indultado al terminar su trabajo, se sabe que en realidad el mérito pertenece al escultor francés Joseph Dubourdieu, responsable también de la estatua de la Libertad que corona la Pirámide de Mayo.

Como la realización de la escultura coincidió con la época de la Batalla de Pavón (1861) cuyo resultado generó que la provincia de Buenos Aires se reincorporara al resto del país, algunos asociaron esa imagen de unión ubicada nada menos que frente a la Plaza de Mayo, con aquella otra reconciliación que parecía darse en la Argentina, lo que le otorgó al trabajo, además, una interpretación política.

NO, LA FACHADA DE LA CATEDRAL METROPOLITANA NO ES UNA COPIA DE LA IGLESIA DE LA MADELEINE DE PARÍS

Un error común y muchas veces repetido es decir que la fachada de la Catedral Metropolitana es una copia de los planos de la iglesia de la Madeleine de París, con la que comparten el estilo neoclásico y un asombroso parecido, hay que admitir. Pero esto es imposible ya que la iglesia de Buenos Aires data de 1822 y la Magdalena parisina fue inaugurada en 1842.

EL VIEJO CONGRESO DE LA NACIÓN

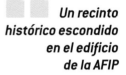

㉕

Balcarce 139
• Subtes: línea A, estación Plaza de Mayo / línea D, estación Catedral / línea E, estación Bolívar
• Visitas: jueves y viernes, de 15 a 17hs. Entrada gratuita.

> ## Un recinto histórico escondido en el edificio de la AFIP

Pocos saben que el primer Palacio Legislativo tuvo sede a metros de la Casa de Gobierno, sobre la misma calle Balcarce, a fines del siglo XIX. Muchos menos aún conocen que el recinto donde sesionaba aquel Congreso permanece intacto dentro del edificio de la AFIP (Administración Federal de Ingresos Públicos).

No hay referencias a la vista. De hecho, quien vaya a la dirección indicada (Balcarce 139) se encontrará con la Academia Nacional de Historia, que tiene la misión de custodiar este patrimonio, declarado Monumento Histórico Nacional.

El antiguo Congreso funcionó allí entre 1864 y 1905, cuando las sesiones se trasladaron al actual Palacio. El crecimiento demográfico de las últimas décadas había aumentado el número de diputados y senadores que ya no cabían en aquel lugar, lo que obligó a buscar un nuevo espacio. Sobrevino la demolición casi completa del inmueble a excepción del salón principal, con sus galerías y palcos, el peristilo y el pórtico de acceso al recinto que fueron preservados.

Hoy se exhibe el lugar detenido en el tiempo, incluso se recuperó parte del mobiliario original, la mesa de los taquígrafos, las bancas sin pupitre y aún se conserva un enorme retrato de Valentín Alsina –miembro ilustre del Parlamento– que fue instalado sobre la pared del estrado en 1871 tras su muerte.

También hay manuscritos, documentos, iconografía y una colección de los diarios de sesiones de ambas Cámaras a lo largo de cuarenta y un años. Allí se puede ver el registro de debates memorables, como el que convalidó la declaración de guerra a Paraguay, la sanción de leyes de inmigración, discursos de José Mármol, Nicasio Oroño, Nicolás Avellaneda, Aristóbulo del Valle, Pedro Goyena, Leandro Alem. O hasta aquella frase de Sarmiento "… ¡traigo los puños llenos de verdades!" que quedaría inmortalizada en los libros de Historia.

LAS MARCAS DEL BOMBARDEO

26

Ministerio de Hacienda
Paseo Colón 100
• Subte: línea A, estación Plaza de Mayo

*Recuerdos
de un intento
de golpe*

Buenos Aires tiene huellas indelebles que, aun siendo imperceptibles, forman parte del paisaje. El 16 de junio de 1955, un sector de la Aviación Naval argentina ametralló y bombardeó la Plaza de Mayo y la Casa Rosada en lo que fue un feroz intento de golpe al Gobierno del general Juan Domingo Perón. Este es un testimonio de la época: "Al llegar a la plaza uno de los últimos aviones pasó tirando su descarga. Nos metimos en el edificio del Ministerio de Economía para que no nos alcanzara. Las marcas de las balas quedaron por mucho tiempo, no sé si todavía están".

Sí, todavía están, y esas marcas que gritan, esos pequeños huecos en el mármol, no son producto de la erosión del material ni del paso del tiempo, sino las secuelas de una página aciaga de la historia argentina. Agujeros, orificios circulares de los impactos de las municiones que pueden verse aún en la fachada del Palacio de Hacienda, más precisamente en el costado sur de la Plaza de Mayo, sobre la avenida Paseo Colón.

Muchas de estas marcas de munición gruesa permanecieron en el semblante del edificio hasta comienzos de la década del 90, cuando el Gobierno de Carlos Menem hizo una restauración buscando reducir el impacto de la memoria. Sin embargo, las esquirlas de las metrallas y una placa recordatoria siguen funcionando como caja de resonancia del hecho y de los muertos de aquel día.

Durante el bombardeo a Buenos Aires se calcula que llovieron unos 10 mil kilos de pólvora dejando el saldo de 308 muertos y alrededor de 700 heridos, en su enorme mayoría civiles que ese día circulaban por las inmediaciones de la plaza.

Lo peor es que semejante locura no fue un hecho aislado o inédito. Durante las Invasiones Inglesas (1806 y 1807) se registró el primer antecedente. Algo similar ocurrió en oportunidad del Combate de los Pozos, en 1811, y más tarde se repitió lo mismo en la autodenominada Revolución del Parque, una sublevación cívico-militar que tuvo su brote fascista el 26 de julio de 1890.

La noche del 16 de junio de 1955, a modo de revancha por el bombardeo sobre Plaza de Mayo, simpatizantes peronistas incendiaron las catedrales de San Francisco, Santo Domingo y otras de las zonas más prósperas de la ciudad. De todos modos, el bombardeo tuvo relación directa con el golpe que se produciría tres meses más tarde cuando la Revolución Libertadora terminara derrocando al presidente Perón.

SAN TELMO
Y ALREDEDORES

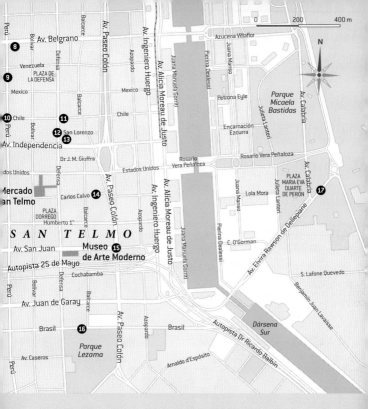

TODO SE OLVIDA
CON EL CHAMPAGNE

LA BOTICA DEL ÁNGEL ❶

Luis Sáenz Peña 543
• Subtes: línea A, estación Sáenz Peña / línea C, estación Moreno / línea E, estación Lima
• Visitas guiadas: miércoles y viernes, 19hs, y dos sábados al mes
0800-333-8725

> *Un museo psicodélico que es uno de los legados artísticos más iconoclastas e indescriptibles que tiene la ciudad*

Es un arcón de cosas perdidas. Es un polo de presentaciones de libros, homenajes y eventos culturales. Y es el lugar donde siguen estando el *collage* escénico salpicado por obras de Castagnino, Soldi, Roux, Marta Minujín y otros, además de guardar textos manuscritos de Mujica Láinez, Borges, Pizarnik y Ernesto Sábato. Y por allá, el recuerdo de Carlos Gardel en un cheque y en lo bizarro de la decoración de la cocina. Y las decenas de afiches de películas; y las viejas glorias del cine nacional; y el café hecho con retazos de otros célebres bares porteños.

El museo que almacena la memoria psicodélica de Eduardo Bergara Leumann es uno de los legados artísticos más iconoclastas y, en consecuencia, indescriptibles que tiene la ciudad. Se lo describe como una "acuarela laberíntica".

En 1966, durante los años de la transnacionalización cultural y el Instituto Di Tella como faro de avanzada, el gordo Bergara Leumann inauguró La Botica del Ángel en su primera sede de Cerrito al 600. El excéntrico artista abría las puertas de su botica/hogar de par en par, como si fuera un Open 24hs. Eran los tiempos de *happenings* en los que empezaba a escucharse más veces la palabra "performance" que "buenas tardes, mucho gusto". Puestas en escena y espectáculos, muestras locas, inflamados debates culturales, artistas emergentes, clásicos y modernos, todos pasaban por la Botica hasta que la avenida 9 de Julio se amplió y el local mudó su vitalidad de actores, músicos, intelectuales y plásticos a una nueva sede que duró poco y cerró en 1973.

Pasaron muchos años hasta que se conoció la última y definitiva reedición de la Botica: en 1997 un viejo caserón de Congreso, ubicado en Luis Sáenz Peña 541, se convirtió en templo. Bergara Leumann decoró sus paredes milímetro a milímetro. En la entrada se lee: "Aquí está todo lo que creíamos perdido». Desde ahí pueden recorrerse los ambientes que mantienen bien en alto las banderas y la idea de museo-casa-obra imaginada por su autor, quien tuvo una última ocurrencia: morirse justo el día de su cumpleaños número 76, en 2008.

EL MONUMENTO A LA COIMA

Edificio del viejo Ministerio de Obras Públicas
Avenida 9 de Julio 1925
• Subtes: línea C, estación Moreno / línea E, estación Belgrano

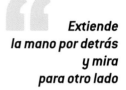

> *Extiende la mano por detrás y mira para otro lado*

Escondida en un rincón imperceptible del histórico edificio de Obras Públicas, donde hoy funcionan los Ministerios de Salud y de Desarrollo Social, justo en el ángulo de la fachada que da a la esquina de 9 de julio y Moreno, se recorta la figura de una estatua que apenas sobresale de la gigantesca estructura gris estilo *art déco*. Aunque parezca absurdo, se dice que esa imagen no es otra cosa que un monumento a la coima.

Hay que prestar atención para encontrarla. En verdad son dos las estatuas, ubicadas a la altura del segundo piso, cada una en un extremo, con detalles que las vuelven distintas y complementarias: una sostiene un pequeño cofre entre las manos mientras la otra, apenas más allá, extiende la palma de su mano hacia atrás, con el brazo pegado al cuerpo como escondido y la mirada perdida. Vista desde cierta distancia, la escena no parece dejar dudas.

La historia extraoficial jura que se trató de una represalia del arquitecto José Hortal, mentor del ambicioso proyecto de hacer "el primer rascacielos financiado por el Estado Nacional" (1937) que terminó emplazado en medio de la avenida más importante de la ciudad; de hecho es el único con numeración en la avenida 9 de Julio. Cuentan que el hombre –por entonces director nacional de Arquitectura– se cansó de los constantes intentos de soborno para que resolviera cuestiones vinculadas a la terminación de la obra y, a último minuto, decidió agregar al edificio un detalle "decorativo" que no figuraba en los planos originales. Al menos no con semejante alegoría.

El dato jamás fue reconocido por las autoridades. Aun así, resulta extraño que un monumento que –se supone– denuncia la corrupción nada menos que desde un edificio público en pleno centro porteño, siga en su lugar incólume. Valga la paradoja.

LOS RETRATOS DE EVITA, COMO EL CHE GUEVARA

La Evita sonriente y la Eva combativa. Ambos retratos ocupan gran parte de las fachadas norte y sur del edificio de Obras Públicas. Las imágenes tienen una altura de 31 metros por 24, cada una está formada por 42 módulos y suman en total 14 toneladas de acero puro. La obra pertenece al artista argentino Alejandro Marmo y se inauguró el 26 de julio de 2011, para el 59º aniversario de la muerte de Eva (que un año antes había sido declarada Mujer del Bicentenario). Marmo utilizó una técnica similar a la del famoso relieve escultórico del Che Guevara que hay en el frente del Ministerio del Interior de Cuba, frente a la Plaza de la Revolución.

MUSEO NACIONAL DE LA HISTORIA DEL TRAJE

❸

Chile 832, San Telmo
• Subte: líneas C y E, estación Independencia
• Abierto martes a domingos de 15 a 19hs. Entrada gratuita
• Las visitas guiadas se hacen con reserva previa al tel. 4343-8427

> *Cuatro siglos de historia contados a través de la indumentaria*

Por alguna extraña razón, el Museo del Traje tiene poca fama. Uno podría suponer que se trata de un montón de ropa antigua desparramada en vitrinas, con cartelitos que reseñan la tradición de cada época. Pero es mucho más que eso; no solo por su colección de casi 8000 piezas sino porque funciona con una dinámica tan vertiginosa que permitiría a cualquier visitante ir al museo varias veces al año y ver siempre algo distinto.

Ubicado en una típica casa chorizo de fines del siglo XIX (habitaciones con zaguán, galería y tres patios), el edificio es uno de los pocos exponentes de la ciudad que conserva las características de entonces, con sus molduras, rejas originales, carpinterías y un zócalo de mármol a la entrada. Pero lo importante está puertas adentro: una recopilación asombrosa de trajes y accesorios traza una línea de tiempo, desde el siglo XVII a la actualidad, a través de la indumentaria urbana como reflejo de nuestra historia.

El museo organiza exhibiciones temáticas de sus objetos. De forma caprichosa quien vaya se podrá encontrar con "Los vibrantes años 20" donde la mujer sube el corto de la falda hasta las rodillas; un muestrario de trajes de baño, desde 1890 hasta hoy; la reproducción de alguna de las extravagantes vidrieras que solía montar la famosa tienda Harrods en los 50; una curiosa serie de calzados que incluye un diminuto par de zapatos chinos del siglo X, llamado *pie de loto,* que obligaba a las niñas a someterse a verdaderas torturas para que su pie pudiera entrar en esa miniatura semejante a un capullo, como símbolo de estatus; o "la verdad sobre la moda de 1810" donde se derriba por completo el mito de la dama antigua en los días de la Revolución de Mayo: ni peinetón ni miriñaque, la vestimenta femenina del período colonial consistía en una silueta angosta, con talle bajo el busto, falda tubular y mangas cortas de tipo globo, más parecido al traje de Blancanieves que al que se evoca en cada fecha patria.

> Una o dos veces al año —no hay una fecha determinada—, es noche de fantasmas en el museo. La visita empieza una vez que cae el sol y así, en penumbras, el grupo de invitados llega hasta los rincones que habitualmente permanecen bajo llave, donde se cuentan las historias más misteriosas que guarda el lugar.

MUSEO ARGENTINO DEL TÍTERE   ❹

Piedras 905
- Subtes: líneas C y E, estación Independencia
- Abierto martes a sábado, 10 a 12:30hs y 15 a 18hs. Domingos, 15 a 18hs

> *Una colección de seiscientos ejemplares*

La actividad de los titiriteros es milenaria, pero en la Argentina existe un solo museo que se ocupa de rendirle homenaje: desde 1983, gracias a una iniciativa de Mane Bernardo y Sarah Bianchi, dos obreras de la titiritesca nacional, el espacio está dedicado íntegramente a la actividad titiritera y cuenta con alrededor de 600 muñecos ordenados de acuerdo a su origen y técnica.

La casona de San Telmo es una de esas construcciones del 1800 que fue propiedad de la familia de la maestra titiritera Mane Bernardo. Con el tiempo, el lugar se transformó para que el museo y las colecciones tuvieran una sede propia, aunque todo empezó con una muestra itinerante con alrededor de medio centenar de actuaciones aquí y allá. En 2013, el museo fue declarado Embajada de la Paz, una distinción que hace juego con la magia que se respira en el ambiente.

El compromiso consiste en mostrar y dar a conocer el "más milenario arte de los títeres", como se cuenta orgullosamente puertas adentro. Hay visitas temáticas para chicos y no tanto, desde jardines de infantes hasta universidades y estudiantes de cine. También hay una cartelera de presentaciones con artistas de diferentes provincias y países. Una de sus fundadoras fue la recordada Sarah Bianchi, quien le dedicó muchas horas diarias a lograr la ayuda económica necesaria para que el lugar creciera.

Se pueden ver títeres locales y de otros países, técnicas tradicionales como las de guante, y otras más innovadoras como los títeres de dedal y varilla. La sala dedicada al célebre titiritero platense Carlos Moneo Sanz exhibe ejemplares criollos que desfilaron por la pantalla y en publicidades, y hasta conserva un

muñeco muy simpático que usó Federico García Lorca en una presentación en nuestra ciudad. En la sala contigua, la Lola y Mireya Cueto –cortesía a dos renombradas intérpretes mexicanas– se alinean como en una *brochette* muñecos latinoamericanos. Entre ellos, hay un par que no habría que mirar fijo porque corren el riesgo de desintegrarse: tienen más de cien años.

CASA DE EJERCICIOS ESPIRITUALES SOR MARÍA ANTONIA DE LA PAZ Y FIGUEROA ❺

Independencia 1190
- Subtes: líneas C y E, estación Independencia
- Abre sus puertas al público el tercer domingo de cada mes (consultar horarios)
- Se organizan retiros espirituales
- Informes: 4304-0984 / 4305-4618

> **Por allí pasaron todos los próceres de la época**

Edificada en 1795, la Casa de Ejercicios Espirituales Sor María Antonia de la Paz y Figueroa es probablemente el edificio más colonial que tiene la ciudad de Buenos Aires. No solo sigue funcionando, sino que conserva gran parte de su estructura arquitectónica original.

El muro perimetral está hecho con bloques de adobe. El portón de madera que da sobre la avenida Independencia es una verdadera reliquia y abre paso a un lugar detenido en el tiempo: casi todo allí, pisos, revestimientos, aberturas, muebles y adornos, permanece como en la Buenos Aires del virreinato del 1800.

Fundada por María Antonia de la Paz y Figueroa (una santiagueña que se consagró a la vida religiosa desde muy jovencita y llegó a Buenos Aires con su misión de ayudar), la casa se convirtió en la primera escuela para niñas y un asilo de menores desamparadas. Pero además fue un lugar de recogimiento para las personalidades más destacadas de la época. Por allí pasaron Saavedra, Liniers, Manuel Belgrano, Mariano Moreno y Bernardino Rivadavia, primer presidente de los argentinos, entre muchos otros, como Castelli, Alberdi o Juan Manuel de Rosas, por citar más nombres.

Su enorme valor patrimonial hizo que fue declarada Monumento Histórico Nacional. Sin embargo, como todavía se realizan retiros espirituales, solo abre sus puertas un domingo al mes. El

visitante podrá recorrer los patios coloniales, los claustros, las celdas para las religiosas, donde se exhiben verdaderos tesoros del arte barroco jesuítico y las capillas. En una de ellas está el oratorio Jesús Nazareno donde se venera una impactante imagen de Jesucristo, de origen cuzqueño. Otra pieza imperdible de ver es la cruz de 45 kilos, hecha en madera de algarrobo, que los penitentes debían cargar sobre sus hombros a modo de cilicio y que todavía cuelga en la pared del claustro del beaterio.

UN REFORMATORIO PARA MUJERES INDISCIPLINADAS

La Casa de Ejercicios Espirituales Sor María Antonia de la Paz y Figueroa funcionaba también como espacio de "preservación" de la mujer, en una época (fines del siglo XVIII, principios del XIX) en que no se reconocía al género femenino plenos derechos. Allí eran "depositadas" las mujeres que debían esperar a ser juzgadas o aquellas que no tenían un varón tutor.

"Aquí estuvo recluida Mariquita Sánchez, por desobediencia a sus padres", dice una placa de bronce pegada en la puerta de una de las habitaciones. Lo que no cuenta es que el castigo se debió al romance prohibido que inició la adolescente, de apenas 15 años, con su primo, Martín Thompson, con quien siguió viéndose a escondidas, hasta que finalmente se casaron, a pesar de la oposición de sus padres.

Otra que estuvo a punto de parar en la casa fue Camila O'Gorman. Tras ser descubierta en Corrientes junto al sacerdote Ladislao Gutiérrez, cuando se preparaban para huir al exterior a vivir su amor prohibido, ambos fueron detenidos y trasladados a Buenos Aires. Fue Manuelita Rosas, hija del entonces gobernador e íntima amiga de Camila, quien intercedió para que la trasladaran allí a esperar el juicio. Hasta le acondicionó un cuarto y consiguió un piano de cola, que todavía permanece ahí aunque ya nadie lo toca, en el Salón de las Américas. Pero don Juan Manuel de Rosas no iba a permitir que nadie desafiara su autoridad y firmó su sentencia de muerte. Camila, como se sabe, fue fusilada el 18 de agosto de 1848, con ocho meses de embarazo.

LA PUERTA "HISTORIADA" DE LA BIBLIOTECA ❻ DEL DOCENTE

Entre Ríos 1349
• Subte: línea E, estación Entre Ríos-Rodolfo Walsh
• Colectivos: 4, 12, 37, 84, 96, 168, 195
• Abierta de lunes a viernes, de 9 a 18hs

> *Inspirada en la puerta del Baptisterio de Florencia*

Fue durante ochenta años la puerta de acceso al Complejo Carlos Pellegrini, un conjunto de dos escuelas y una biblioteca pública que comparten palacio en la avenida Entre Ríos al 1300. Un monumento-puerta que compacta en pocos metros cuadrados la historia de la educación argentina. Obra del escultor Arturo Dresco, la pieza fue concebida como un homenaje a los maestros e inaugurada en su día, el 11 de septiembre* de 1933. Son ocho paneles de bronce con relieves que muestran los paisajes de distintas regiones del país y retratan escenas típicas de la tarea docente, con especial énfasis en el sacrificio de los maestros rurales y de frontera: *En la otra orilla, La escuela espera, A pie por el Altiplano, Adultos en marcha hacia el aprendizaje, Las labores al lado de la tierra, Los conscriptos que aprenden las primeras letras* y *La escuela isleña.*

Sobre los cuadrantes que enmarcan la imponente estructura (tres metros de altura), aparecen las figuras de Sarmiento, Rivadavia, Belgrano y Moreno, personajes centrales en el desarrollo de la educación en la Argentina. Completan el diseño representaciones de la flora y la fauna autóctonas y los escudos de las catorce provincias que conformaban la República en esa época.

Quienes hayan tenido el gusto de visitar la puerta del Baptisterio de Florencia (también conocida como "puerta del paraíso") verán las similitudes que tiene el portal de la Biblioteca del Docente con aquella obra maestra del arte renacentista. No es de extrañar que Dresco se haya inspirado ahí

mismo, aún más teniendo en cuenta que fue en esa ciudad donde el artista argentino estuvo becado y completó su formación como escultor.

Durante décadas, la puerta "historiada" cumplió su función natural en el acceso a la biblioteca. El paso del tiempo y la corrosión generada por estar expuesta a la calle le valieron un desgaste penoso. En 2013, las autoridades porteñas quitaron la pieza de su lugar original y la enviaron a restaurar (se le hizo un tratamiento de pulido y puesta en valor). Hoy se exhibe ya como una obra de arte única en la ciudad, en el *hall* del primer piso del Palacio.

* El 11 de septiembre es el Día Panamericano del Maestro, en conmemoración de la fecha del fallecimiento de Domingo Faustino Sarmiento, considerado el padre de la Educación en la Argentina.

LOS FANTASMAS DEL PASAJE MOMPOX ❼

Pasaje Mompox al 1600
• Subte: línea E, estación Entre Ríos-Rodolfo Walsh

*Solo quedó
la sangre
de los vencidos*

Barracas, barrio orillero y de guapos, tiene una cortada a la que se llega por sus leyendas. Zumba como cierto que los espíritus de dos malevos, que se batieron a duelo a principios del siglo pasado, habitan ese recorrido de supersticiones. Sin embargo, una tercera historia más cercana produce un escozor distinto: en los años 70, un grupo de militares secuestraron a un joven estudiante del que todavía se oyen los gritos de auxilio.

De la esquina de Mompox con Garay, en marzo de 1978, se llevaron al joven Sergio, un estudiante que se ganaba la vida atendiendo el almacén de un familiar. El local ya está cerrado, pero algunos vecinos contaron en la década del 90 que durante "la segunda quincena de ese mes" –un día así de indeterminado– se escuchaba el grito ahogado y de auxilio de un muchacho. Se dice también que la parábola, el relato a modo de leyenda urbana, no era más que una forma de contribuir a una toma de conciencia social y ayuda a la causa que tenían las Madres de Plaza de Mayo.

Exactamente a cinco cuadras de Plaza Constitución, en Mompox 1636, hay un portón y un pasillo de antigua casa chorizo. Se adivina una escalera y, cuando es de noche, cuentan que una luz floja se cuela por el techo y que el filo de los cuchillos que se chocan, a esta altura, son como las campanadas de una iglesia. Es una historia que seguramente hubiera querido escribir Borges y trata sobre dos malevos que, discutiéndose el liderazgo del barrio, buscaron dirimir su fiereza llegando a venderle su alma a un demonio de arrabal, botas y patillas.

En la lucha no hubo vencedores. Solamente quedó la sangre de los dos vencidos. Desde entonces la pugna, el duelo y el silencio se suceden ciertas madrugadas de lobuna luna llena, en la oscuridad del pasillo de una callecita con más leyendas que habitantes.

PUBLICIDAD PARA LAS HELADERAS POLARIS ❽

Avenida Belgrano al 600
• Subtes: línea E, estación Belgrano / línea A, estación Perú
• Colectivos: 2, 7, 22, 74, 86, 91

> *¿Cómo logró sobrevivir esta publicidad que data de 1939?*

En la esquina de Perú y avenida Belgrano existe un increíble cartel de heladeras Polaris que sobrevivió al tiempo, a los avances de la tecnología y a la violencia de la brocha gorda. La razón por la cual todavía podemos verlo es que desde hace unos años fue protegido por una legislación del Gobierno de la Ciudad. En tiempos de *freezers* verticales, esta heladera blanca y panzona que está pintada en las alturas destaca las bondades de un simple congelador y señala la dirección de Perú 362, el comercio de los Hnos. Banham, local cercano que la promocionaba. El misterio del aviso tiene una historia. Del local no quedan rastros, y mucho menos del teléfono que figura en el cartel, cuyo prefijo –¡23!– resulta paleozoico.

¿Cómo logró sobrevivir esta publicidad que data de 1939? Eso es un enigma hasta para las mismas autoridades porteñas que, no hace tanto, en septiembre de 2007, y rendidas ante la evidencia, decidieron declararla "integrante del Patrimonio Cultural de la Ciudad Autónoma de Buenos Aires", en la clase «Colecciones y Objetos». Semejante decisión elevó a la heladera de Polaris a la categoría "mural ciudadano".

El electrodoméstico en cuestión está en un muro que se levanta justo en esa esquina del barrio de Monserrat. El dibujo se completa por un caracterizado Polo Norte, donde está enchufado el aparato. Parece que la idea de la heladera chupándole las temperaturas bajo cero al Polo fue obra del genial Lino Palacio que, además de historietista, guionista, ceramista, pintor y dibujante, fue artista gráfico y publicitario.

Testaruda y resistente a los ataques de la modernidad, la publicidad de Polaris es materia de estudio. Por ejemplo se sabe que en 1990, a instancias de la Secretaría de Cultura, fue restaurada al tiempo que se hacían obras de reciclaje en todo el edificio de oficinas. La pared que da sobre Belgrano, la del "mural", fue refaccionada cuidadosamente por profesores y alumnos de una escuela de arte. El patio porteño, como se le dice al hueco que quedó sin edificar justo en la esquina, permite que veamos el cartel desde varias cuadras atrás. Allí se lee la siguiente cacofonía: "Heladeras Polaris. Frío polar en tu hogar".

ESTATUA *EL FORJADOR*   ❾

Club Museum
Perú 535
• Subte: línea E, estación Belgrano
• Colectivos: 22, 64, 86, 130, 152
• Abre los fines de semana por la noche

> *Un recuerdo de la fábrica de molinos de viento de Eiffel*

La arquitectura del Club Museum, ubicado en Montserrat, no se angosta hacia la punta, no es centro de referencia de una ciudad y tampoco es la iconografía obligatoria de la postal, pero fue diseñada por el mismísimo Gustave Eiffel. Las columnas y capiteles de la construcción llegaron directamente *made in France* y, acá, bajo las órdenes de un arquitecto criollo, se encajaron como en un Lego.

Los vestigios de Eiffel en la Argentina habría que rastrearlos en la provincia de Córdoba (donde hay un molino que levantó el famoso ingeniero en Capilla del Monte) para competir en un certamen organizado por la Exposición Rural. En Buenos Aires, al 500 de la calle Perú, se encuentra este edificio paquidérmico que en sus comienzos supo ser una fábrica de molinos de viento y que después se transformaría en discoteca.

Antes de la llegada de la posmodernidad y las esferas de cristal, y antes de la mano mágica del francés, allí se encontraba el solar de Vicente López y Planes, el autor del Himno Nacional Argentino. Un caserón lujoso con envidiables espacios verdes que databa de 1757.

Acaso por coincidencia de reputaciones, el lugar llegó a ser considerado Monumento Histórico Nacional. En 1906, Museum empezó a escribir su historia con la llegada en barco de las columnas que Eiffel había encargado traer de Europa. Sin embargo, el edificio tardó diez años en inaugurarse, y lo hizo como fábrica de herramientas de campo y molinos. Originalmente se llamó El forjador y por ese motivo conserva una estatua en el frente superior de la fachada. Por su indudable estilo galo, se tiene el convencimiento de que en Francia existe un edificio gemelo.

La fachada, cuya ejecución estuvo a cargo del arquitecto argentino Lorenzo Siegaris, no cambió, pero el enorme galpón fue reestructurado por dentro cuando empezó a funcionar la histórica discoteca. Tanto el sótano como la planta baja y los otros dos pisos organizados con estructuras de hierro, fueron invadidos por sectores VIP, restaurantes, barras. Y Martinis.

EL BALCÓN DE RODOLFO WALSH ⑩

Esquina de Chile y Perú, San Telmo
• Subtes: línea E, estación Belgrano / línea C, estación Independencia

> *Recuerdo de un escritor desaparecido durante la última Dictadura militar*

Podría afirmarse que es la plazoleta con más peso simbólico de toda la ciudad. Se llama Rodolfo Walsh, por el escritor y periodista, autor de *Operación masacre*, que fue tiroteado en la esquina de San Juan y Entre Ríos, el 25 de marzo de 1977, luego de que diera a conocer su famosa "Carta abierta a la Junta Militar".

Todo chiquitito, la placita está ubicada en Chile y Perú y no es otra cosa que un modesto aprovechamiento entre las medianeras que dibuja esta esquina porteña. Hay unos banquitos, un arbolito escuálido y unos farolitos que tienen una luz lánguida y digna de un cuento policial. En verdad, nada demasiado encantador ni comparable al embrujo de las calles de San Telmo, si no fuera por la poderosa alegoría que cobra vida en la pared y está llena de bosquejos y citas del escritor desaparecido durante la última Dictadura militar.

En el fondo hay un falso balcón donde se asoma una escultura que representa a Rodolfo Walsh. Se lo ve junto a los títulos de sus libros y a los años en que estos fueron escritos. También se observa una máquina de escribir, una taza de café negro y los gruesos anteojos que completan su definida iconografía. El mural fue obra de artistas de la agrupación HIJOS.

Alguna vez hubo un cartel que avisaba que no convenía acercarse mucho al balcón porque tenía roto uno de los estribos. También hubo muchas denuncias vecinales por la falta de cuidado del terreno y por la acumulación de basura. Y hasta hubo vecinos que se preocuparon por acicalar el lugar y volverlo más apto para un rato de descanso.

En el balcón, y pese a las carencias y desventuras, la imagen de Walsh luce reposada, con su saco, su corbata y las manos en jarra. La plazoleta, "la placita", como le dicen en el barrio, fue remodelada en el contexto de un programa de la Secretaría de Cultura porteña. Los trabajos –hechos en 2009– incluyeron reparaciones en el fresco de la gente de HIJOS.

En esta plazoleta, uno de los tantos espacios públicos de la ciudad que celebran a hombres y mujeres que dejaron su huella urbana, además se pueden ver placas de vecinos desaparecidos de San Telmo.

LA "CASA" DE MAFALDA ⑪

Chile 371, San Telmo
• Subte: línea E, estación Belgrano
• Colectivos: 8, 22, 29, 86, 103, 195

El personaje de Quino nació en ese edificio en 1963

Una de las atracciones de San Telmo es el llamado paseo de la Historieta que tiene desparramadas en distintas calles del barrio estatuas de los personajes más queridos, entre ellos de la célebre Mafalda, ubicada en la esquina de Defensa y Chile. La escultura, del artista plástico Pablo Irrgang, muestra a la niña sentada en un banco de plaza, acompañada por dos de sus amigos, Susanita y Manolito. Pero el dato desconocido no es ese, sino que a pocos metros de allí se encuentra la "casa" de Mafalda, en Chile 371. Resulta que allí vivió durante muchos años el dibujante Joaquín Lavado, Quino, y fue en ese departamento donde creó a su personaje más famoso.

Mafalda nació en 1963, pero su primera historieta recién fue publicada a fines de 1964 en la mítica revista *Primera Plana*. En 1965 el personaje se mudó al diario *El Mundo* y en 1967, cuando el diario cerró, la mordacidad y acidez de la nena pasó a ilustrar el semanario *Siete Días*. Mafalda duró diez años: el 25 de junio de 1973 se publicó por última vez.

La idea de asignarle un espacio físico real a la niña de las preguntas incómodas empezó a gestarse en 2005 cuando su colega Caloi, creador de Clemente, le escribió una carta al "Sr. Jefe de Gobierno de la Ciudad de Buenos Aires", por entonces Aníbal Ibarra, pidiéndole que la dirección de San Telmo fuese declarada hito urbano. Todo esto ocurrió durante el acto en el que

se declaraba Ciudadano Ilustre de la Ciudad Autónoma de Buenos Aires a Quino, padre de la inolvidable criatura. La esquela seguía: "como ciudadanos del mundo y lectores de la historieta, solicitamos que se coloque antes del 31 de diciembre de 2005 una placa recordatoria en la casa donde vivió Mafalda: Chile 371, en San Telmo". Así, casi intimidando a las autoridades, cerraba la nota que terminó contando con miles de firmas. Desde entonces, está puesta una placa en la puerta del edificio donde se lee: "Aquí nació Mafalda".

LA ESTATUA DE CARLITOS BALÁ

Chacarita es el barrio que le rinde homenaje a uno de los grandes cómicos nacionales: Carlitos Balá tiene su propia estatua en Imperio, una de las pizzerías notables y sitio declarado de interés cultural con casi 80 años en Buenos Aires. La historia de la figura, de tamaño natural y de un realismo que asombra e incluye el típico "gestito de idea", empieza en la década del 50, cuando un Balá joven, de alrededor de 20 años, callejeaba por la zona haciendo bromas. Carlitos vivía cerca de la terminal de la línea de colectivos 39 y se había hecho amigo de los choferes que lo dejaban subirse a los bondis para improvisar sus primeras locuras.

Él siempre dice que los colectivos fueron su "escuela". En esos tiempos, y antes de que se convirtiera en una celebridad, el actor terminaba las improvisadas faenas comiendo una porción de pizza en Imperio. En 2010 le hicieron allí una estatua homenaje que puede verse entrando por la avenida Federico Lacroze.

EL ZANJÓN DE GRANADOS ⑫

Defensa 755, San Telmo
• Subte: línea C, estación Independencia
• Colectivos: 8, 22, 24, 29, 86
• Visitas guiadas: domingo a viernes. Consultar horarios al 4361-3002

> *La ubicación de la primera fundación de Buenos Aires*

En la manzana comprendida entre las calles Defensa, Chile, Balcarce y Avenida Independencia, una casona reciclada y moderna sirve de entrada a un laberinto de túneles con cuatro siglos de historia.

Por allí pasaba un arroyo –conocido en ese tramo como Zanjón de Granados– que descargaba las aguas en el Río de la Plata. Precisamente allí, algunos historiadores ubican la primera fundación de Buenos Aires, en 1536, la de don Pedro de Mendoza.

Pero llegó la urbanización, los arroyos fueron entubados hacia el 1800, se construyeron viviendas, se trazaron calles y aquel pasado quedó enterrado. Doscientos años después, todo eso reapareció en forma de hallazgo arqueológico.

Y fue por pura casualidad: en 1985, el viejo conventillo en ruinas de la calle Defensa al 700 fue adquirido por nuevos propietarios y, en plena tarea de demolición, se produjo el descubrimiento. El plan de obra original se dejó de lado y en su lugar se montó un obrador que se dedicó a reconstruir la historia de la ciudad, tarea que llevó 20 años de trabajo.

Se encontraron cimientos, restos de muros, pisos, azulejos, aljibes, utensilios y documentos que datan de distintas épocas y hoy se exhiben en el recorrido que propone El Zanjón. Los túneles siguen ahí, comunicados con los terrenos linderos; de hecho se puede acceder desde el edificio de la calle Defensa hasta el de la calle Chile bajo tierra.

El lugar funciona hoy en día como centro de exposiciones y salón de eventos, pero también organiza visitas guiadas.

Hay que destacar que semejante empresa corrió por cuenta y costo de un particular, bastante más tarde fue reconocido por las autoridades e incorporado al patrimonio cultural porteño.

LA CASA MINÚSCULA

⓭

Pasaje San Lorenzo 380, San Telmo
• Colectivos: 8, 86, 130, 152, 195

¿La puerta de entrada al Infierno?

Es una vivienda que tiene apenas dos metros y medio de ancho, por trece de fondo; un pequeño habitáculo no apto para cualquiera. Prácticamente una casa de muñecas. Se encuentra en el pasaje San Lorenzo al 380, en el corazón de San Telmo. Desde afuera se ve una fachada simple, lisa y apretada por otras dos casas. Hay un pequeño balcón que cuelga de las alturas y se parece a los de cualquier postal sevillana. La construcción está rematada por una cornisa delgada.

Mitad historia, mitad leyenda, se dice que la propiedad fue construida en 1813, año de la Asamblea Constituyente –el congreso de diputados de las Provincias Unidas del Río de la Plata–, cuando todavía no se había abolido la esclavitud. Este dato es importante, porque se supone que su primer ocupante fue el primer negro emancipado de Buenos Aires.

Hacia la década del 60, ya en el siglo XX, la edificación pasó a manos de un anticuario, quien habría sido el responsable de propagar la leyenda sobre el esclavo. Y como donde hay una leyenda, hay una superstición, de los esclavos libres al averno puede haber un paso: alguien aseguró que una de las siete puertas del Infierno estaba precisamente detrás de esa minúscula fachada.

Al margen de lo pintoresco de algunas historias, el antropólogo Marcelo Pisarro cuenta que esta curiosidad no es más que un antojo inmobiliario: el lote en cuestión había formado parte de la vivienda contigua, la del 392, que además tenía entrada por la calle Defensa. Hacia 1840, la tiraron abajo, rellenaron el terreno para nivelarlo y se construyó una gran residencia con doble patio donde vivió una familia importante que luego se mudó. La construcción, entonces, se subdividió y se alquiló. En 1906 la fachada se reformó y, durante el siglo pasado, con más de 15 propietarios distintos, la pequeña morada no hizo más que abreviarse. "La 'casa mínima' no fue nunca una casa mínima –cuenta Pisarro–: fue zaguán de entrada con una pieza de altos, y por esas arbitrariedades inmobiliarias, hacia principios del siglo XX, quedó sesgado como lote único en dos metros y medio de frente".

Por ahora, los arqueólogos niegan rotundamente que allí se emplace la puerta de entrada al Infierno.

EL BUQUE ESCUELA DE LA IGLESIA DINAMARQUESA

⓮

Dansk Kirke
Carlos Calvo 257
• Subte: línea C, estación Independencia
• Colectivos: 8, 33, 74, 86, 130, 152
• Se puede visitar previo llamado al 4362-9154

En memoria del naufragio

La mayor tragedia de la comunidad danesa en nuestro país aparece reflejada en la iglesia Dansk Kirke ubicada en la calle Carlos Calvo 257, pleno San Telmo. La réplica, a escala, de un barco que naufragó en los años 20 pende de un hilo y parece que flotara justo en el centro del templo, mirando al altar.

Ese barco era el Kopenhavn (para nosotros, Copenhague), un buque escuela que zarpó de Buenos Aires en julio de 1928 rumbo a Australia, repleto de jóvenes marineros, hijos de las mejores familias de Dinamarca. Pero solo llegó a navegar 1500 millas antes de desaparecer en el mar. Nunca se supo qué pasó ni se encontraron rastros de la nave, tampoco de los 70 tripulantes que iban a bordo.

Tres años después del fatídico episodio se inauguró la iglesia (un proyecto que financió la propia comunidad danesa residente en la ciudad), ubicada estratégicamente cerca del puerto para dar refugio y contención espiritual a sus marineros. El edificio es por demás austero, pese al estilo neogótico, con ladrillos a la vista y paredes que parecen escaleras, símbolo del sueño de Jacob (según la cita bíblica), quien habría visto a los ángeles subir y bajar entre el cielo y la tierra.

Muchos vecinos del barrio ni siquiera saben que allí funciona una iglesia. Es más, se preguntan qué es esa casona oscura y enrejada que la mayor parte del tiempo tiene las persianas cerradas, sin un cartel que la identifique. Solo si uno alza la cabeza, podrá advertir la torre y después una pequeña cruz coronando la cúspide. El enigmático templo se puede visitar sin necesidad de profesar el culto luterano.

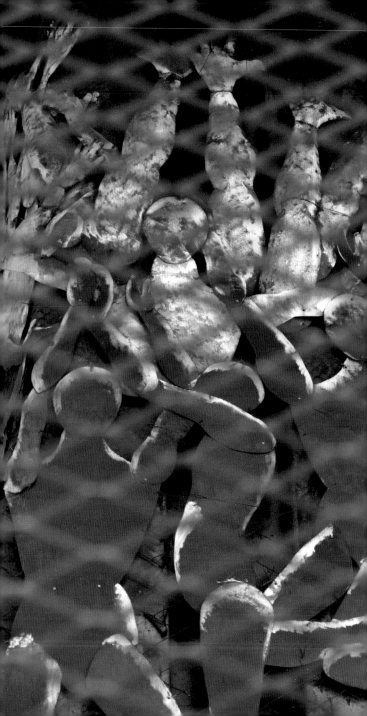

RESTOS DEL CENTRO DE DETENCIÓN CLANDESTINO CLUB ATLÉTICO

⓯

Av. Paseo Colón al 1200
• Colectivos: 4, 8, 33, 64, 86, 130, 152, 195

> *Un homenaje a la memoria de los desaparecidos de la última Dictadura*

A primera vista llama la atención el contorno de una enorme figura humana iluminada sobre el terraplén que está debajo de la autopista, llegando a la esquina de Paseo Colón y Cochabamba: es un homenaje a la memoria de los desaparecidos de la última Dictadura. En ese lugar, donde ahora hay una plaza seca, funcionó el centro clandestino de detención y tortura conocido como Club Atlético.

Pero lo más interesante se encuentra a un costado. En esa especie de obrador, con montículos de tierra y un gran pozo, asoman las ruinas como evidencia del horror. Pedazos de pared que fueron las celdas donde los militares alojaban a los detenidos. Se calcula que allí habrían "desaparecido" alrededor de 1800 personas en menos de dos años (el centro clandestino funcionó desde mediados de 1976 hasta diciembre de 1977).

El centro fue demolido cuando se construyó la autopista. Durante 25 años permaneció oculto, pero en abril de 2002 un grupo de antropólogos empezó a trabajar para rescatarlo del olvido, en el marco de un proyecto de recuperación de la Memoria. Se hicieron excavaciones de hasta cuatro metros de profundidad. Se hallaron restos de muros con inscripciones, uniformes policiales, botas. Entre las marcas del Proceso se encontró también un rosario.

El proyecto implicó un complejo trabajo arqueológico, documental y testimonial. Fueron los sobrevivientes de este centro de exterminio quienes hicieron el mayor aporte a través de sus recuerdos. Ellos fueron guiando cada tramo de la excavación. Apenas un extracto que figura en el libro *Nunca más*: "El subsuelo del Atlético constaba de dos celdas para incomunicados, una sala de torturas y la enfermería. No tenía ventilación ni luz natural y había mucha humedad. En verano la temperatura superaba los 40 grados y en invierno hacía mucho frío…".

El terraplén fue declarado Sitio Histórico por la Legislatura porteña.

TEMPLO DE LA SANTÍSIMA TRINIDAD **16**

Av. Brasil 315
• Colectivos: 10, 24, 33, 62, 64, 86, 93, 129, 152, 159
• Visitas los segundos domingos de cada mes a las 15hs
• Liturgia el domingo a las 10hs

> *Liturgia
> al estilo eslavo
> y cantos
> gregorianos*

El único templo ortodoxo ruso de Buenos Aires es una pequeña postal moscovita en pleno corazón de San Telmo: algo escondida en la manzana, la iglesia se ubica en avenida Brasil al 300, a esa altura más bien una calle angosta. Por suerte, el Parque Lezama justo enfrente habilita una perspectiva que permite admirar esa belleza arquitectónica completamente ajena y fascinante. Sobre todo si uno mira al cielo: cinco cúpulas acebolladas de un turquesa rabioso, con destellos dorados –pequeñas estrellas que representan la consagración a la Virgen María– y las imágenes del friso sobre la fachada acaparan toda la atención a primera vista. Pero lo más curioso ocurre puertas adentro, especialmente en los horarios de misa.

La organización del templo ortodoxo está basada sobre una milenaria tradición que se remonta a la primera morada del Señor, construida por el profeta Moisés 1500 años antes del nacimiento de Jesucristo. Cuenta con diferentes objetos sagrados, como el altar de la ofrenda, el candelero con 7 velas, el incensario y las vestiduras sacerdotales. No tiene órgano ni micrófonos, pues para los ortodoxos solo es digno ante Dios el sonido de la voz humana.

Como el *gospel* neoyorquino que atrae turistas en el Harlem, la liturgia de la iglesia ortodoxa rusa –celebrada según el rito oriental antiguo, con cantos gregorianos en idioma eslavo–, resulta una rareza que acepta visitas, siempre que el invitado respete las normas de conducta que exige el lugar. A saber: las mujeres deben asistir con la cabeza cubierta, falda larga (en caso de presentarse en pantalones se les ofrecerá una especie de pareo para cubrirse) y preferentemente sin pintura en los labios, para no dejar huellas en los íconos, la cruz y el cáliz. Durante el oficio hay que permanecer parado –solo pueden sentarse las personas de mucha edad– y no está permitido recorrer el templo ni realizar preguntas hasta el final de la ceremonia, para no distraer la atención de los otros mientras están en oración. Retirarse antes de que finalice el oficio divino resulta para ellos una falta de respeto al templo. Por último, está terminantemente prohibido tomar fotografías dentro del lugar.

MUSEO DE CALCOS Y ESCULTURA COMPARADA ERNESTO DE LA CÁRCOVA

⑰

Av. España 1701
• Abierto de martes a domingo, de 11 a 18hs
• Colectivos: 2, 4, 20, 64, 103, 111, 130, 152

> *El patrimonio escultórico más importante de América del Sur*

Un tanto escondido, en la parte más postergada de la Costanera Sur, el Museo de la Cárcova resulta un descubrimiento sorprendente para quienes llegan hasta ahí creyendo terminado el paseo con la visita a la Reserva Ecológica y la fuente de las Nereidas. Ni los porteños saben que esa casona rodeada de árboles y con murales en relieve sobre la fachada guarda el patrimonio escultórico más importante de América del Sur, con reproducciones de las principales obras del arte clásico mundial.

En la primera sala, apenas después de cruzar la puerta de entrada, el visitante se encontrará con el mismísimo David de Miguel Ángel. No es el auténtico, pero resulta tan parecido que conmueve como el verdadero. La escultura de exactos 5,17 metros de altura –como la original– está hecha de yeso en lugar de mármol de carrara, pero salvo por eso respeta hasta el más mínimo detalle: cada músculo, cada expresión y toda la belleza de ese cuerpo que simboliza la perfección estética.

El valor de la colección que guarda el Museo de Calcos reside precisamente en la notable calidad de sus reproducciones. Entre sus más de 700 piezas se destacan *La Piedad* y *Moisés*, también de Miguel Ángel, la *Venus de Milo*, una cabeza de la reina egipcia Nefertiti y la *Victoria* de Samotracia. Además reúne duplicaciones de obras maestras del arte egipcio y caldeo, griego y greco-romano, medieval románico y oriental. Todas copias exactas de las originales y en su tamaño natural, que fueron hechas mediante la técnica de vaciado o con moldes tomados de los propios originales.

Incluso muchas de ellas son reproducciones de la «primera colada», es decir que portan el extraordinario valor de ser la primera copia de la obra auténtica, lo que permite la más alta fidelidad.

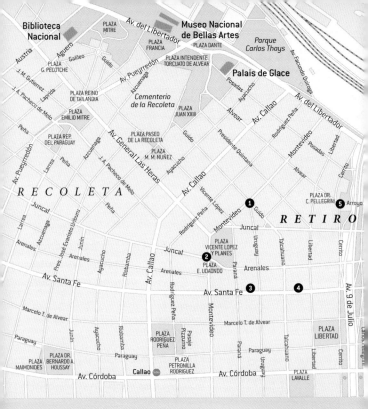

RETIRO

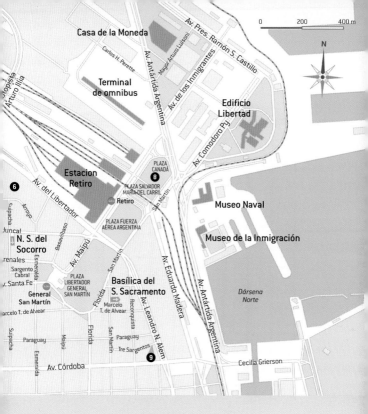

EL ALJIBE DE LA CALLE GUIDO ❶

Guido y Uruguay
• Colectivos: 10, 37, 39, 60, 102, 106, 110, 129, 150, 152

Una verdadera rareza se observa en la esquina de Guido y Uruguay, en Recoleta: la pequeña ochava atesora sobre la vereda un aljibe que sacude el calendario y nos lleva de un tirón a la Buenos Aires del siglo XVIII. Muy pocos ejemplares

> *El único que permanece en la calle, en toda la ciudad*

sobreviven en la ciudad de estos pozos de agua que se hicieron famosos en la época de la Colonia, pero ciertamente ninguno se exhibe en la calle como este.

En el exacto lugar donde hoy se ve una réplica, estaba el pozo de agua de una casona antigua, cuando Recoleta todavía era zona de chacras y quintas. Pasó el tiempo, los lotes se dividieron, cambió la fisonomía del barrio, se sucedieron generaciones de porteños y el aljibe se mantuvo ahí, ya como testimonio de una época luego de que fueran prohibidos, en 1880, con la llegada del servicio de agua por red.

Fueron los vecinos de la cuadra, más precisamente los del edificio que tiene entrada por Uruguay 1391, los impulsores de una protesta que lo devolvió a su lugar (o al menos logró que les pusieran una copia simbólica) cuando, en el 2001, y entusiasmadas con la puesta en valor del patrimonio cultural, las autoridades porteñas decidieron sacar el aljibe de la intemperie y mudarlo al patio de la Sociedad Argentina de Escritores, en San Telmo, donde actualmente se encuentra el original.

En el último piso del edificio del aljibe, el paisaje oculto de un jardín de altura acapara lo que queda de sorpresa. Una frondosa arboleda rompe la monotonía del cemento a veinte metros de altura. Acaso inspirado en la idea de Le Corbusier del *toit-jardin*, o techo-jardín, el dueño de la propiedad del séptimo piso, el ingeniero Adrián González, diseñó allí su paisaje de árboles, sostenido por tirantes de acero.

OTROS ALJIBES

Actualmente se conservan muy pocos aljibes en Buenos Aires. Es que ya en 1880 fueron prohibidos, al extenderse la red de agua en la ciudad. Casi como reliquia y testimonio de otros tiempos, varios de ellos se encuentran en los museos (hay un ejemplar en el Museo Fernández Blanco, otro en el Museo Histórico Nacional, también se exhibe uno en el patio interno de la Casa Rosada). La Casa de Ejercicios Espirituales (ver pág. 80) tiene también uno en sus jardines. Luego, el patio del Cabildo conserva su aljibe intacto y en Recoleta sobreviven dos más: uno en el Centro Cultural y el otro en un rincón del patio trasero de la iglesia del Pilar.

UNA OBRA DE MARTA MINUJÍN EN EL LE PONT CAFÉ

2

Le Pont Café
Montevideo 1300 (esquina Juncal)
• Subte: línea D, estación Callao
• Colectivos: 10, 12, 39, 60, 106, 124, 152

Uno de los canjes más insólitos en la historia del arte

De una pared irresoluta y blanca en el bar Le Pont de Recoleta nació una obra de arte que lleva la firma de la artista de vanguardia Marta Minujín. "Esta obra es parte de un acto de corrupción, pero una corrupción que en vez de hacerse con dinero involucra al arte", dice la mujer emblema del Instituto Di Tella.

Las siete caras que componen el mural fueron canjeados por café de por vida. La inusual transacción se dio en 2011 cuando Minujín, que tomaba alrededor de veinte cafés diarios, le propuso a la dueña del bar-confitería que

está en Montevideo y Juncal uno de los canjes más extraños en la historia del arte. Marta salió de su habitual sesión de terapia, hizo la consabida escala en Le Pont y, envuelta en las volutas de los granos colombianos, le sugirió a la dueña que pintaría un mural con su firma y, a cambio, tendría café gratis *forever*. La dueña del local se quedó boquiabierta, lo que Marta interpretó como un sí.

Lo que se ve sobre la pared tiene el aspecto de un boceto y la impronta de un estilo propio. Son siete perfiles, siete personas, cuatro mujeres y tres hombres entremezclados en dorado, rojo, violeta y negro. Abajo, la firma de puño y letra. "En realidad lo que está puesto aquí es una sola persona que se enfrenta a sí misma", explicó la artista hablando de un mundo multidireccional o paranoico. "Uno es muchas personas en una sola, porque depende de la mirada de quien tiene enfrente", le dijo al periodista Eduardo Parise. "Esa mirada y la imagen que cada uno proyecta no es siempre la misma".

El fresco es parte de su serie de rostros fragmentados, idea que Minujín empezó a desarrollar en 1986, mientras trabajaba en el aeropuerto de Ezeiza. "Yo estaba en el andamio y se me acercó Carlos Monzón, el boxeador, pidiéndome un autógrafo. Como no teníamos ningún papel a mano, pinté algo sobre un plato y desde ese momento hice muchos de esos platos y hasta los vendí", contó Minujín.

VESTIGIOS DEL EX TEATRO VERSALLES ❸

Av. Santa Fe 1445
• Subte: línea D, estación Callao
• Colectivos: 10, 17, 39, 59, 101, 106, 150, 152

> *Una boutique dentro de un exteatro*

Una placa dice que el local está desde diciembre de 2010. Y la fecha se destaca en letras metálicas. Puertas adentro aseguran que eso tiene que ver con una férrea decisión empresarial: el ex teatro Versalles venderá ropa de aquí a la eternidad. Y si no fuera así, el comercio de turno tendrá la obligación –más moral que escrita– de conservar la fisonomía original.

Eso fue lo que hicieron sus distintos inquilinos desde que el Teatro Versalles, ubicado en Santa Fe al 1400, dejó de ser un escenario, cosa que ocurrió definitivamente al promediar los 50, cuando la sala –identificada con la estética peronista– cerró sus puertas tras el Golpe de 1955.

En los 60, el lugar volvió a abrir de otra manera, pero nunca más necesitó usar sus boleterías. Primero se reinventó como La Scala, tienda de ropa femenina que sólo utilizó la parte delantera del local, es decir, las últimas filas; y así y todo siguió conservando prácticamente intactas las instalaciones como en un tácito homenaje al escenario por el que desfilaron figuras como Ángel Magaña, que allí estrenó *Los ojos llenos de amor*, Tita Merello y hasta una jovencísima Lydia Lamaison.

A la manera de la librería Gran Splendid que, pocas cuadras más allá por la misma avenida, resalta la existencia del cine que fue, los diferentes rubros que pasaron por el Versalles parecieron respetar la esencia con algo de orgullo *vintage* y melancolía. No hay que ser muy astutos para saber que eso de ahí era el *pullman* y que allá, donde están los maniquíes, hubo un tiempo en que había personas reales y aplaudiendo de pie desde el palco.

La cúpula con acrílicos sigue permitiendo que entre luz natural y, entre bastidores, continúan estando los camarines, que ahora se usan como depósitos. El teatro Versalles fue vendido a la tienda de ropa Kevingston para darle cualquier tipo de destino comercial. Sin embargo, la tradicional marca decidió que esa sucursal se llamara "Teatro". Y mantuviera su nobleza cultural.

LOS SECRETOS DE LA CASA DEL TEATRO ❹

Santa Fe 1243
• Subtes: línea D, estación Tribunales / línea C, estación San Martín
• Feria de los Artistas durante un mes completo, entre julio y agosto

> **Una vez al año, una feria americana con ropa de artistas famosos**

Museo, sala de espectáculos, residencia, la Casa del Teatro es todo eso reunido en un solo lugar que funciona como un templo *vintage* del mundillo escénico local y que muy pocos conocen más allá de la fachada del teatro Regina, la cara visible de este complejo artístico.

Ubicado en plena avenida Santa Fe, el edificio de diez pisos fue diseñado en los años 30 por encargo de la cantante lírica Regina Pacine de Alvear, esposa del expresidente. Su objetivo era crear un asilo para artistas jubilados al estilo de la casa de reposo que fundó Giuseppe Verdi en Milán, destinada a los cantantes de ópera retirados y sin medios económicos.

En 1938 se inauguró con la llegada de los primeros ocho huéspedes, pero en sus más de 70 años de historia la pensión alojó a un centenar de hombres y mujeres ligados al espectáculo, muchos de ellos de gran trayectoria y sin embargo tristemente olvidados. Por allí pasaron el cineasta Hugo Fregonese, que trabajó en Hollywood, en Europa y finalizó su carrera en la Argentina sin un centavo; la animadora televisiva Colomba; Mario Amaya, popular actor de radioteatro o Carmen Lamas, una de las primeras vedettes y figura del teatro Maipú, por citar sólo algunos ejemplos. Aunque la residencia en sí, ubicada en el último piso, no es de libre acceso, cualquiera que recorra los sectores abiertos al público, como la biblioteca o los museos, podrá cruzarse con los habitantes, todos actores; algunos conocidos, otros no tanto..

La Casa del Teatro se sostiene con un subsidio del Gobierno porteño más el aporte de actores, la cuota de los socios, donaciones de empresas y organización de eventos y festivales. Pero la gran atracción es la denominada Feria de los Artistas: una kermés donde es posible encontrar todo tipo de objetos, trajes, sombreros, guantes y *bijou* de nuestras figuras a precio

de saldo. Ahí se vendió, por ejemplo, uno de los sombreros que usaba Pepe Biondi cuando orillaba los 70 puntos de rating. El sombrero costaba lo mismo que un chocolate Lindt. También, zapatos de Mirtha Legrand, vestidos de Susana Giménez, tapados de piel y trajes de novia de novela, literalmente.

La feria se realiza todos los años, durante un mes completo, entre julio y agosto. Lo recaudado es para beneficio de los peregrinos del arte.

EL *TROMPE L'ŒIL* DE LA CASA DE LOS AUCHA ❺

Arroyo y Cerrito
• Colectivos: 62, 67, 92, 129, 130, 152

> *Una fachada falsa*

Una fachada aparente, con ventanas y mampostería que se dibujan en la medianera del edificio que da la espalda a Plaza Catalunya. Esto ocurre sobre Cerrito y Arroyo. La plazoleta está cerca de la Embajada de Francia y hay que prestar atención para darse cuenta de que el contrafrente del edificio de la "casa de los Aucha" tiene ventanas y puertas pintadas, un recurso que se utilizó para mejorar –o disfrazar– el verdadero estado del inmueble.

Si en Barcelona la plaza Catalunya es un punto de encuentro y opera como distribuidor comercial que une el Barrio Gótico con Las Ramblas, la ubicación de esta pequeña versión "zurcida" no tendría nada que envidiarle a la original. Pero lejos de ser un lugar visitado donde uno puede demorarse, la Catalunya porteña es una zona de tránsito que, según se dice, no habría ingresado en un plan de renovación de infraestructura de la ciudad. Quizás por eso se le encargó al pintor catalán Joseph Niebla una ilusión óptica que dotó de realismo las tejas negras y las claraboyas.

Esta sobreactuación arquitectónica data de comienzos del siglo XXI. En ámbitos académicos semejante "feria de la simulación" generó discusiones estéticas, debido a la ubicación medular de la plaza. Hay quienes sostuvieron que el recurso debería ser erradicado del idioma de la construcción. Al margen de cualquier debate, y cosas de la posmodernidad, más de una visita guiada decidió incorporar la plaza a partir de la falsa fachada.

UNA RÉPLICA DE LA FONT DE CANALETES

Casi como un accesorio olvidado, la plaza Catalunya tiene una réplica de la Font de Canaletes, que es una reproducción de la fuente original ubicada en plena Rambla de Barcelona. El ornamento llegó a Buenos Aires en 1996, donado por las autoridades del Ayuntamiento de esa ciudad.

EL FANTASMA
DEL MUSEO FERNÁNDEZ BLANCO

⑥

Suipacha 1422
• Abierto de martes a domingo de 14 a 19hs
• Ferrocarriles Mitre y Belgrano Norte, estación Retiro

> *Curiosamente, todos estuvieron afectados en la zona de sus órganos sexuales*

Se habla de la aparición de una figura femenina vista por varios testigos. Se habla de una mujer con cuerpo de bailarina que daba vueltas alrededor de la fuente del patio. La leyenda del fantasma compite –en atención e interés– con la muestra permanente de platería que se hace en el Museo de Arte Hispanoamericano Isaac Fernández Blanco.

La aparición se dio –¿se da?– dentro del museo, precisamente junto a una fuente que, a simple vista, es una desangelada Fontana di Trevi. Hacia fines de los años 80, algunos empleados, y hasta el mismo director del museo, sufrieron una serie de inexplicables padecimientos que terminaron en intervenciones quirúrgicas de similares características. Lo curioso del caso es que todos estuvieron afectados en la zona de sus órganos sexuales. Un poco escépticos, tratando de creer en las casualidades, al principio, y después rendidos ante la insólita evidencia, la gente del Fernández Blanco decidió consultar a un parapsicólogo. El mentalista inspeccionó el lugar sin tener data previa y terminó confirmando que todo era obra de una fuerza "del más allá". Habló de un cuadro específico, de una mujer de pelo rojo envuelta en una toga blanca. Enigmas o certezas.

Una jefa de prensa del lugar contó la historia pero advirtió que estaba terminantemente prohibido sacar fotos. Parece que durante los años en que los empleados del museo municipal pasaban por el quirófano, más precisamente en enero de 1989, un elenco de *ballet* ensayaba en el patio cuando el espectro con figura de bailarina adolescente se cruzó delante de ellos. Hubo bailarines

que aseguraron haber hablado con la aparición. Según la leyenda urbana –que se cuenta puertas adentro– se trataría de una joven de unos 17 años, muerta de tuberculosis a comienzos del siglo XIX, época en la que el lugar no era una galería sino una parroquia. Pero las bailarinas no fueron las únicas que narraron el asunto: otro artista, el poeta Oliverio Girondo, vivía cerca de la casona y mucho antes, en la década del 40, contó que se había topado con el fantasma de la joven. Y que habían sostenido una entretenida conversación.

LA SILUETA RECORTADA DE LA EX EMBAJADA DE ISRAEL

Plaza Embajada de Israel
Arroyo 910
• Subte: línea C, estación San Martín
• Colectivos: 17, 61, 92, 100, 130, 152

Los tilos homenajean a las víctimas y expresan que todos somos iguales ante la muerte

Una plaza seca, despojada y gris es la sobria representación del espanto. 29 nombres propios apilados sobre la pared y un puñado de árboles encarnando la vida son apenas una parte del enorme contenido simbólico que tiene el memorial ubicado donde funcionó, por más de cuarenta años, la Embajada de Israel en nuestro país.

Hasta 1992, en la esquina de Suipacha y Arroyo, estuvo emplazada la sede diplomática. Pero el 17 de marzo de ese año, a las 14.50 horas, un coche bomba voló el edificio, dejando 29 muertos y más de 200 heridos. Ese lugar es hoy un recordatorio a cielo abierto de nuestra historia trágica.

Obra de los arquitectos Gonzalo Navarro, Hugo A. Gutiérrez, Patricio M. Navarro y Héctor Fariña, la plaza Embajada de Israel parte de formas simples: dos grandes placas entrelazadas, una hecha en piedra de Jerusalén y la otra con roca patagónica, configuran el piso, rodeado por una acequia que bordea todo el perímetro. Las placas representan la solidaridad entre la comunidad judía y la no judía frente a la intolerancia y la incomprensión. En el centro, dos hileras de tilos, ordenados en perfecta simetría, homenajean a las víctimas y expresan que todos somos iguales ante la muerte.

Sobre un retazo de hormigón ubicado en la pared lateral, se inscribe cada uno de los nombres de las personas que murieron en el atentado y una reseña del ataque terrorista que permanece impune. Pero el testimonio más crudo es el que asoma en lo alto, desde la medianera, que se preservó intacta, tal como quedó luego de la explosión. La silueta recortada de lo que fue la embajada apenas sobresale del muro y es la evidencia desoladora de una herida que permanece abierta.

EL ANTIGUO EDIFICIO

La Embajada de Israel se instaló en Buenos Aires en 1948, en un lujoso *petit hotel* de tres pisos ubicado en pleno barrio diplomático, cerca del palacio San Martín, sede de la Cancillería argentina. La residencia había pertenecido a una familia adinerada, los Mihanovich, de la que no quedaba más que un anciano solitario que se vio obligado a venderla porque no la podía mantener.

Una vez adquirida, la propiedad se puso en manos del arquitecto Alejandro Virasoro, uno de los principales exponentes del *art déco* en nuestro país, que se encargó de acondicionarla para el flamante ministro de Relaciones Exteriores.

EL TÓTEM DE RETIRO

❽

Plaza Canadá
Av. Antártida Argentina y San Martín
• Subte: línea C, estación Retiro
• Ferrocarriles Belgrano Norte, Mitre y San Martín, estación Retiro

"**N**ada sabemos de su culto; razón de más para soñarlo en el crepúsculo dudoso", escribió Borges sobre el tótem indígena ubicado en la plaza que está frente a la terminal de ómnibus de Retiro. En realidad casi nadie sabe qué significa ese poste de madera, tallado con distintas figuras, que está emplazado allí desde 1964. A decir verdad, ni si quiera es el mismo de entonces.

> *"Nada sabemos de su culto; razón de más para soñarlo en el crepúsculo dudoso"*

El tótem fue obsequio de la Embajada de Canadá, como gesto amistoso y en reciprocidad a las autoridades porteñas que aquel año nombraron Plaza Canadá a ese espacio público. El original, de más de 20 metros de altura, se fue desgastando con el tiempo por falta de mantenimiento, hasta que en 2008 se decidió derribarlo. Pero el Ministerio de Cultura emprendió un camino obstinado para recuperar la pieza.

Tras una larga búsqueda finalmente dieron con la tribu canadiense que lo había hecho y le encargaron uno nuevo. El autor fue Stanley Hunt, hijo del artista que había tallado el primer tótem. En 2012 se inauguró el que hoy se puede ver, una versión apenas más pequeña, de 13 metros, hecha en un tronco de cedro colorado que reproduce imágenes de animales mitológicos del pueblo kwakiutl –el águila, el león marino, la nutria marina, la ballena, el castor y un ave caníbal– y del hombre, en lo que constituye la base de los ritos, la filosofía y las leyendas fundacionales de la cultura aborigen canadiense.

Al pie de la figura se colocó una placa indicativa en la que además se lee un fragmento de Borges, de su libro *Atlas* (escrito con la colaboración de María Kodama): «…nuestra imaginación se complace con la idea de un tótem en el destierro, de un tótem que oscuramente exige mitologías, tribus, incautaciones y acaso sacrificios».

EL RELOJ DE SOL DE LA EX COMPAÑÍA ÍTALO-ARGENTINA DE ELECTRICIDAD

Tres Sargentos 352, Retiro.
• Colectivos: 6, 28, 56, 61, 93, 130, 132, 143, 152

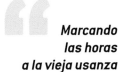

Marcando las horas a la vieja usanza

Una rareza, inexplicable para la generación de las pantallas táctiles y de la tecnología 5D, asoma en la torre de lo que fue una fábrica de principios del 1900: el reloj de sol de la ex Compañía Ítalo-Argentina de Electricidad.

Ubicada en la calle Tres Sargentos (un pasaje peatonal de tan solo dos cuadras) en el barrio de Retiro, la antigua usina es obra del arquitecto italiano Juan Chiogna que pretendió adaptar el estilo gótico a las construcciones industriales de nuestra ciudad y de ese modo establecer un vínculo con los inmigrantes europeos que habitaban Buenos Aires. Esa elegancia neomedieval que aún conserva el edificio en su fachada hizo posible que las plantas de energía se instalaran en los barrios residenciales sin romper la estética urbana ni provocar quejas de los vecinos.

En pocas palabras diremos que se trata del instrumento más antiguo diseñado para marcar el paso del tiempo. Que funciona mediante un *gnomon* –algo así como una aguja o vara– dando sombra sobre un cuadrante y señalando cada hora.

No es fácil encontrar en la ciudad ejemplares "vivos" de estos aparatos. Y los que hay están en condiciones deplorables. Había uno en Plaza Lavalle, frente al Palacio de Tribunales pero solo queda la base de cemento, porque se robaron el metal y también parte del cuadrante. Otro de gran valor era el que formaba parte de la "columna meteorológica" del jardín botánico y que solía marcar la hora local y la de otras ocho ciudades del mundo con el mismo sistema, pero el monumento fue vandalizado tantas veces que dejaron de reponer sus piezas. Y hay uno frente al planetario que, si bien funciona con el antiguo mecanismo, es bastante más moderno, hecho de mármol y de acero inoxidable.

Por eso vale la pena alzar la vista frente a la usina (hoy en manos de la empresa de electricidad Edesur): el reloj de sol se mantiene intacto y es una peculiaridad que no conviene dejar pasar inadvertida por el apuro. ¿Qué puede ser mejor que perder el tiempo mirando un reloj?

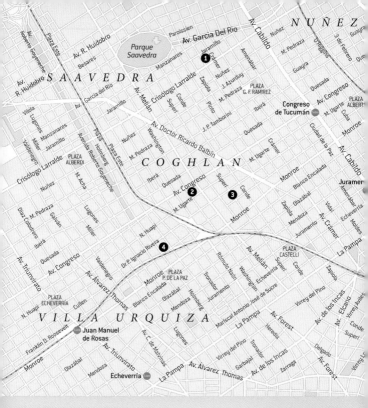

NORTE

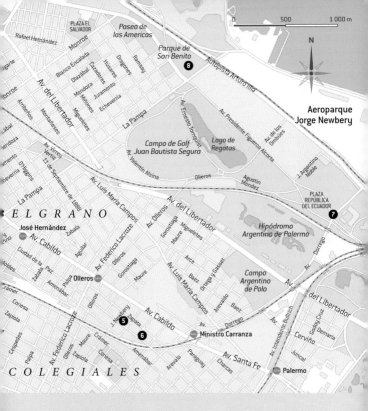

LA MANZANA CON FORMA DE FÉRETRO ❶

Av. Cabildo y Pico
• Colectivos: 19, 57, 60, 71, 130, 133, 152, 168, 184

> *Había
> una pulpería
> llamada El Cajón*

En Cabildo, poco antes de llegar a General Paz, hay una estrecha manzana con forma de ataúd. El trazado urbano dio origen a esta curiosidad, que puede comprobarse desde cierta altura o simplemente mirando un mapa, ahí donde la calle San Isidro Labrador se encima con la avenida.

Apenas hay espacio para un local comercial. Hoy una gomería, pero hace casi un siglo un bar que, justamente, se llamó El Cajón. Se decía que su dueño "había vuelto de la muerte". Al parecer el hombre había fallecido (o al menos eso creyeron todos) y mientras lo llevaban a su entierro en la Chacarita, el féretro empezó a sacudirse, un cura pidió que lo abrieran y se comprobó que el cantinero no había muerto, sino que se encontraba en estado de catalepsia. Pudiente y agradecido por el patético rescate, habría mandado a edificar esa escalofriante manzana con forma de cajón.

La escena es cómicamente relatada por Edmundo Rivero en su libro *Una luz de almacén*. Hacia 1920 la cantina era una fonda que abría dos veces a la semana y a la que iban mayormente los obreros de las fábricas. El Cajón era célebre por sus precios populares y el puchero de gallina. Lo atendían el muerto que habla y toda su familia. Hay fotos de época donde se ve que en la terraza del local se ponían carteles publicitarios, toda una novedad para una zona como Puente Saavedra, que en esos años era un arrabal lúgubre, peligroso, lleno de garitos y prostíbulos.

Por el carácter extremo que tuvo el barrio en una época, rico en historias que se transmitían de una generación a otra, el chisme que popularizó Rivero –criado en ese barrio– es el más difundido. Sin embargo, otros creen que el nombre de la pulpería no tuvo nada que ver con la versión del genial cantante de tango, sino que se trató más bien de una alusión directa a la particular característica de esta singular manzana con forma de ataúd.

EL RESPIRADERO DE COGHLAN ❷

Washington y 106. Congreso
• Ferrocarril Mitre, estación Coghlan
• Colectivos: 19, 41, 67, 76, 107, 169, 175

L ejos del centro porteño, en la calle Washington al 2900, en Coghlan, una torre de ladrillos se alza como un atalaya de ladrillos. El "otro Obelisco" es en verdad una construcción que perteneció a la antigua Obras Sanitarias de la Nación. Casi como un emblema de los tiempos de la industrialización, la altura ladrillera fue concebida con fines poco ornamentales: era una ventilación cloacal, aunque hoy no tiene ningún uso en particular, más que el de despertar la curiosidad de quienes lo ven.

> **Una torre diseñada para airear la segunda cloaca más grande de la ciudad**

Alguna gente confunde la torre con una chimenea, pero el "obelisco" fue diseñado para airear la segunda cloaca más grande de la ciudad, que justamente pasa por debajo de este barrio. Las líneas británicas de edificación de la torre y la característica saliente de los ladrillos de máquina destacados en los frentes también se ajustan a las fachadas de otras construcciones vecinas, como la parroquia de San Patricio (Estomba y Echeverría), cuyo carácter arquitectónico es un calco de los santuarios sajones del medioevo. Por lo visto, y debido al expansionismo anglo, el uso del ladrillo a la vista llegó hasta los territorios más apartados del planeta.

Años más tarde, la traza ladrillera tuvo otro esplendor porteño con las populares escuelas municipales. Otro testimonio de este material en la zona se encuentra en las oficinas públicas de Washington y Congreso. La Legislatura de la Ciudad declaró Área de Protección Histórica al polígono comprendido entre las calles Tronador, Rivera –que fue la primera calle adoquinada de Buenos Aires y data de 1907– y Washington. La medida de resguardo y preservación incluye al hospital Pirovano y, además, al ventilador cloacal que se construyó en 1914, que mide 35 metros y es anterior al Obelisco original de la 9 de Julio.

CENTRO ANA FRANK

3

Superí 2647
Ferrocarril Mitre, estación Coghlan
• Colectivos: 19, 41, 67, 76, 107, 114, 133, 169, 175
• Martes a sábado, 14.00 a 19.00hs (no es así en el sitio web)

> *El caserón tiene su propia historia de horror*

Con sede en Coghlan, el centro Ana Frank fue inaugurado a principios de 2009 con la ornamentación original y chocante del lugar donde estuvieron escondidos Ana Frank y su familia. La versión porteña pretende transformarse en un museo interactivo y en una réplica de la casa de Ámsterdam donde la adolescente se ocultó y escribió su famoso diario. Es, por sus características, una institución única en América Latina.

En la Anne Frank Huis holandesa, los Frank y otras siete personas debieron esconderse más de dos años durante el régimen nazi. Convertido en museo, el lugar es anualmente visitado por más de un millón de personas y se ha transformado en uno de los espacios internacionales más importantes para el desarrollo de programas que ponen el acento en la discriminación y los derechos humanos.

En Buenos Aires, el caserón de Superí tiene su propia historia de horror y persecución. Conocida en el barrio como La casa de Hilda –por el nombre de su dueña–, el lugar fue refugio de perseguidos políticos de la Triple A y, luego, de la última Dictadura.

En la primera planta, una muestra con la historia de Ana Frank se organiza en base a fotos y textos. El segundo piso tiene una réplica exacta de la biblioteca giratoria que daba acceso al escondite de la familia Frank. El visitante puede ver la distribución del mobiliario de la cocina, el comedor y la pieza de Ana. Lo impactante es que todo está tal como era cuando estuvo habitado por la familia, logrando que la representación apuntale una experiencia emocional válida para comprender la historia de vida.

"La casa de atrás", tal como se conocía el lugar donde Ana Frank estuvo oculta durante la Segunda Guerra Mundial, fue el escenario de su famoso diario. Como explican en la sucursal porteña, el recuerdo de Ana intenta ser una fuente de inspiración que motive a la reflexión sobre los peligros del antisemitismo, el racismo y la discriminación". Y como contrapartida, habla de la importancia de la libertad, la igualdad de derechos y la democracia.

MURAL *EL CUENTO DE LOS LOROS*   ❹

Holmberg y Rivera, Villa Urquiza
• Ferrocarril Mitre, estaciones Coghlan y Luis M. Drago
• Colectivos: 19, 41, 71, 76, 114, 133

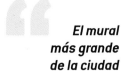

*El mural
más grande
de la ciudad*

Abarca toda la medianera de un edificio de Villa Urquiza, tiene alrededor de 400 m² y está adornado por uno de los grafiteros más reputados del país. El mural se encuentra ubicado en Holmberg y Rivera y responde al ilusorio nombre de *El cuento de los loros*, todo un grito de melancolía surrealista que confirmaría a Urquiza como el barrio predilecto de André Breton.

Se puede ver una patineta gigante, una cabeza pendiendo de un hilo y sacando la lengua Stone a todo el que quiera verla y un niño que cavila su "ser o no ser" en clave *skater*. ¿Un dato para observadores? A bordo de una de las tablas retoza la figura coqueta del arquitecto Clorindo Testa, chiquito y sonriente.

El autor del mural más grande de la ciudad es Martín Ron, artista urbano que marcó el avance del grafiti porteño. De acuerdo a lo que se dijo, los vecinos se resignaron a poner una publicidad en la medianera del edificio para priorizar la obra de arte. "Se trata de una visión entre irreal y fantástica (…). Esa cabeza suelta que saca la lengua con los pelos parados y los ojos saltones es simplemente un amigo, el chaqueño Gabriel Dotta", dijo el artista.

Para la instalación del fresco intervino directamente el Gobierno de la Ciudad, que propuso –a partir de esto– el objetivo de generar un polo artístico en Villa Urquiza. Pero la colorida iniciativa arrancó gracias a Matt Fox-Tucker, un cronista inglés que se radicó en Buenos Aires, creando un circuito de recorridos "caza-grafitis" en Saavedra, Palermo y Villa Urquiza. Según el inglés,

este barrio es ideal: zona de baldíos por las demoliciones que se habían hecho pensando en la construcción de la AU 3, se encuentra lleno de paredes aptas para el fomento artístico.

Martín Ron es un nombre propio dentro del ambiente grafitero: pintó al futbolista Carlitos Tévez en Fuerte Apache y metió su desproporcionada acuarela en su Caseros natal. Para *El cuento de los loros*, el autor empezó a trabajar en julio y menos de un mes después –en agosto de 2013– le terminó de dar forma a la medianera de cuatro pisos, un "lienzo" de 14 metros de alto por 25 de largo, y otro de 3,1 por 20 metros.

TEMPLO HARE KRISHNA ❺

Ciudad de la Paz 394/84, Colegiales
• Ceremonias diarias de las 04.30 a las 08.20hs
• Altar del templo abierto al público hasta las 12 del mediodía
• Colectivos: 39, 41, 42, 57, 60, 68, 152, 161, 168, 194

Música blanda, luz tenue, comida sabrosa

En la ciudad de Buenos Aires los hinduistas más célebres son los integrantes de la Sociedad Internacional para la Conciencia del Krishna, mejor conocida como el movimiento Hare Krishna porteño.

Si la mayor parte de los más de 3000 krishnas que hay en la Argentina son vegetarianos, eso explica por qué el templo ubicado en Belgrano tiene un agraciado restaurante (vegano) como fachada. La experiencia de comer ahí es un oasis: la música blanda, la luz tenue y la comida sabrosa (y no sólo apta para naturistas) destilan una sofisticación que no proviene del palo *gourmet* sino del buen gusto zen. La comida krishna es de lo mejor que tiene la cultura vegetariana.

Puertas adentro, el alma del templo está en la trastienda donde las ceremonias se desarrollan con puntualidad y horarios fijos que arrancan a las cuatro y media de la mañana con el Mangal Artik (ceremonia adelantada) y se

cierran exactamente a las 8.20 con el Guru Puja, un encuentro que se hace diariamente en honor al maestro fundador Srila Prabhupada.

El altar del templo está abierto al público hasta las 12 del mediodía y después se cierra para que se lleve a cabo la ofrenda de alimentos a las deidades. Entre otras actividades, el lugar ofrece clases de yoga. En medio de experiencias oportunamente occidentalizadas, allí se recomienda el conocimiento del *bhakti yoga* que reparte técnicas ancestrales para relegar la percepción y los sentidos de la vida prosaica.

El movimiento Hare Krishna nació en el año 515, cuando en la India apareció un hombre que buscó conducir a la gente hacia el espiritualismo mientras repetía un mantra: "hare krishna». En la Argentina el fundador del templo que está en Ciudad de la Paz al 300 fue Srila Prabhupada que, en 1950 y a los 54 años, decidió dejar su existencia material y aceptó una vida austera y de renuncia. En el templo de Radha-Damodhara, India, Srila Prabhupada llevó a cabo su obra maestra, traduciendo al inglés la épica krishna, el *Srimad-Bhagavatam*, también conocido como el *Bhagavat Purana*. Asimismo escribió un ensayo fundamental llamado *Viaje fácil a otros planetas*. Viajó en barco a los Estados Unidos; con las rupias que tenía, logró que le dieran cinco dólares y en 1966 fundó la Sociedad Internacional para la Conciencia Krishna, entidad con alrededor de cien templos en todo el mundo.

LOS "PUNTOS FIJOS" DE LA CIUDAD   **6**

Zapata y Ciudad de La Paz
• Subte: línea D, estación Carranza

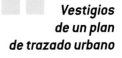

*Vestigios
de un plan
de trazado urbano*

Son como el que está en Zapata y Ciudad de La Paz. Se les dice "puntos fijos" y hay centenares de ellos –aunque cada vez menos–. Por lo general sobreviven en los barrios más alejados del centro, en zonas de casas bajas y antiguas que no hayan sido ganadas por la edificación. Son como pequeñas ménsulas, como sillitas metálicas de un juego de la Barbie.

Puntos fijos: en ellos se puede leer de manera enigmática "Municipalidad". "Catastro". "Nivelación". Tres palabras, una arriba de la otra.

Esos rectangulitos de bronce que están a un metro del piso y que resultan imposibles de arrancar –convirtiéndolos en el hueso más duro de roer del vandalismo urbano– son la épica arqueológica de la ciudad junto a esos bloques de cemento con rendijas horizontales, antiguamente conocidos como buzones.

Los puntos fijos, como los llaman los que no conocen su nombre real (catastro de nivelación), podrían ser un menudo detalle de hospitalidad para la gente que precisa atarse los cordones o ser pequeñas placas de distinción para algunas propiedades. En realidad, y haciendo un brutal atentado administrativo a la imaginación, se trata de vestigios que fueron colocados por el Instituto Geográfico Militar (IGM) y significan un nivel determinado en relación con el "cero" del nivel del mar. Estas marcas se retrotraen a la Buenos Aires de 1920 y son apenas unas de las varias maneras en las que el IGM realizó mediciones a lo largo de los años.

Los puntos trigonométricos eran esenciales para la geografía del país. De este modo se lograron obtener informes altimétricos que se utilizan para conocer la parte más alta de la ciudad, colaborando con la topografía urbana.

ESCULTURA *SUIZA Y ARGENTINA UNIDAS SOBRE EL MUNDO* ❼

Av. Dorrego 3700, Palermo
• Colectivos: 34, 37, 57, 130, 152, 160

> *De lo más erótico que tiene la ciudad en materia escultórica*

Dos mujeres desnudas, de la mano y besándose en la boca. Para ser un monumento de principios del siglo pasado, resulta bastante audaz. La curiosa escultura ocupa el centro del boulevard que recorre la avenida Dorrego, entre Figueroa Alcorta y Lugones, y lo que representa no tiene nada que ver con lo que parece sugerir a primera vista.

No se trata de un alegato en pos de la libertad sexual ni en defensa de la identidad de género. *Suiza y Argentina unidas sobre el mundo* se titula y pretende simbolizar la hermandad entre ambos países. Regalo de la Sociedad Filantrópica Suiza durante los festejos por el Centenario de 1810, la escultura fue encargada al artista Paul Amlhen que diseñó un monumento dedicado al tiro –deporte nacional suizo–. Se inauguró el 7 de junio de 1914 y causó gran impacto, aunque nadie se atrevió a cuestionar el obsequio de la comunidad helvética.

La figura en su conjunto es imponente: una mole de 50 toneladas y más de 10 metros de altura, hecha en bronce y granito, que llegó a Buenos Aires en partes, embalada en 70 cajas, a bordo de un vapor venido de Europa. Una vez que se ensamblaron las piezas todos quedaron deslumbrados (o atónitos): montadas sobre una esfera, dos hermosas mujeres tomadas de la mano –insistimos, ¡desnudas y besándose en la boca!– venían a representar la confraternidad de los pueblos.

Por encima de ellas, en lo más alto, una especie de cupido a caballo completa la escena. De lo más erótico que tiene la ciudad en materia escultórica. Dicen que entonces las damas se sonrojaban al pasar frente a la estatua. Pero a decir verdad, la imagen superior no es exactamente un cupido, sino un símbolo patriótico suizo llamado "Esencia del tiro". Y la esfera supone un globo terráqueo, desde donde surgen ellas, como países. Visto de ese modo, la alegoría resulta bastante literal. Aunque lo del beso, insisten los pudorosos, resulta innecesario y podría haberse evitado.

LA ESTATUA FLOTANTE DEL PARQUE DE LA MEMORIA

8

Av. Costanera Norte Rafael Obligado 6745
• Ferrocarril Belgrano Norte, estación Scalabrini Ortiz
• Colectivos: 28, 33, 37, 42, 107, 160
• Abierto todos los días, de 10 a 18hs

La imagen de un nene de 14 años desaparecido

Justo sobre el final del recorrido que propone el Parque de la Memoria, junto a un pequeño muelle, la escultura flotante de un nene simboliza la vinculación traumática que tuvo la Dictadura con el río, donde fueron lanzados los cuerpos de centenares de víctimas.

La estatua de acero inoxidable fija testimonio de la desaparición de un chico que solo tenía 14 años cuando lo mataron. Obra de Claudia Fontes y titulada *Reconstrucción del retrato de Pablo Míguez*, la pieza fue concebida específicamente para el lugar de su emplazamiento: el Río de la Plata. La escultura, al decir de la artista, "articula los conceptos de aparición/ desaparición".

En el centro del parque, un enorme murallón de pórfido patagónico tiene tallados los nombres de los desaparecidos y asesinados. Se los lee por orden alfabético a lo largo de un camino que comienza en una de las plazas y finaliza en la rambla, sobre las orillas del Río de la Plata. Un recorrido aciago y fantasmal que agrupa casi 9000 personas, todas víctimas del terrorismo de Estado entre 1969 y 1983. El parque tiene lugar para colocar placas con los nombres de 30 000 desaparecidos, en una sucesión que impacta al punto de comprender esa ajustada recapitulación que es el "Nunca más".

Son en total 420 metros, en la costanera de Buenos Aires, donde pueden observarse enormes muros de cemento que representan los mausoleos de los desaparecidos durante la última Dictadura militar. Las paredes altas tienen diferentes extensiones y alturas, pero en promedio oscilan entre los cien metros de largo y los cuatro de alto. Es lo primero que uno aprecia apenas mira este monumento a las víctimas del terrorismo de Estado. El lugar fue diseñado por el arquitecto Alberto Varas y desde su boceto fue pensado como una herida abierta en una suerte de elevación de cara al río.

30 000

Así se llama la obra cuyas columnas de acero empiezan a delinear un rostro humano que puede tener cercanas evocaciones a la figura de Oscar Wilde. En realidad, es una obra del artista plástico Nicolás Guagnini (Argentina, 1966) que consiste en 25 prismas que funcionan como soporte para el retrato del padre del artista, desaparecido en 1977. Solo es posible encontrar la figura humana cuando el espectador logra un único punto de vista.

PALERMO Y RECOLETA

ESCULTURA DE LA CAPERUCITA ROJA ❶

Plaza Sicilia, bosques de Palermo
Avenida Sarmiento, entre Figueroa Alcorta y Del Libertador
• Colectivos: 10, 37, 57, 67, 102, 130, 160

*Escondida
en el bosque,
igual que
en la fábula*

Había una vez un bosque que resultó ser el de los cuentos. Avenida Sarmiento entre Figueroa Alcorta y Libertador. Un personaje mítico de la literatura infantil universal tiene allí su morada: Caperucita Roja.

A decir verdad, se trata de una escultura. El bloque, de mármol de carrara, fue cincelado con esmero por el francés Jean Carlus y adquirido por la ciudad de Buenos Aires en 1937. Primero se instaló en Plaza Lavalle, en la zona de Tribunales, pero en los años 70 se trasladó por fin al parque 3 de Febrero, su actual emplazamiento.

Ahí están desde entonces, la niña de bucles con su capa, su capucha, la canastita de mimbre y apenas más allá el lobo feroz, agazapado a un costado. La escena se abre paso entre la arboleda tupida de los bosques de Palermo y sorprende a los desprevenidos que de golpe quedan atrapados dentro de la fábula.

No hace falta referir la historia trágica que describe este clásico de la literatura infantil rescatado de la tradición oral por Charles Perrault, también responsable de varios otros cuentos de hadas y cenicientas donde las mujeres esperan siempre un príncipe azul que las salve. Y para las que no, hay moraleja.

Cierto chovinismo porteño dice que este es el único monumento a Caperucita en el mundo entero. Pero para ser francos, existe otra versión bastante menos romántica que asegura haber visto réplicas en Australia, Alemania, Rusia y España. Qué más da.

Aunque no haya lugar más apropiado que este rincón semioculto en los confines de Plaza Sicilia, hay que decir que este escondite hizo que el monumento fuera blanco fácil de innumerables ataques vandálicos. Hace unos años debió ser "internado" de urgencia en un hospital de restauración de estatuas (llegó irreconocible y hasta le faltaba una oreja al Lobo). Afortunadamente lograron salvarlo y hoy se lo puede visitar cualquier día que uno ande de paseo por los bosques palermitanos.

Y COMO SI FUERA POCO, CALLE PROPIA.
El tour "Caperucita Roja" en Buenos Aires deberá tener, para ser completo, una escala en un pasaje de una sola cuadra que lleva su nombre, en el barrio de Parque Chacabuco. Está entre Picheuta y Del Barco Centenera, al 1650 de altura de estas dos últimas. La calle fue anterior al monumento. Con papeles y todo (Ordenanza Nro.1424, aprobada el 30 de diciembre de 1925).

ARBOL DE SEGUOLA
LUGAR HISTORICO
TESTIMONIO DE UNA DE LAS EPOCAS
MAS IMPORTANTE
DE LA VIDA NACIONAL
HOMENAJE DE LA MUNICIPALIDAD
DE LA CIUDAD DE BUENOS AIRES

EL AROMO DEL PERDÓN ❷

Plaza Sicilia, bosques de Palermo
Av. del Libertador y Sarmiento
• Colectivos: 37, 57, 67, 130

> *Bajo la sombra de ese árbol, la hija de Rosas suplicó por su amiga Camila O'Gorman*

Existe un árbol bautizado "el aromo del perdón" que sobrevive desde el 1800 en lo que hoy son los bosques de Palermo, más precisamente en la plaza Sicilia. Es un arbolito que parece ceder, pero que resiste el paso del tiempo y fue plantado por la hija de Juan Manuel de Rosas. La historia es así: Manuelita era muy amiga de Camila O'Gorman, la joven que durante el segundo mandato de Juan Manuel de Rosas, se enamoró perdidamente de un sacerdote, escapó con él y terminó siendo ejecutada aunque estaba embarazada. Está documentado que Camila le había enviado una carta a Manuelita pidiéndole que no la persiguieran. Cuando la recibió, Manuelita intentó sumarse al pedido de piedad de Camila, pero su padre se irritó de tal manera que ordenó que ejecutaran a "los reos", a Camila y al sacerdote.

La súplica de la hija de Rosas por su amiga se hizo bajo lo que hoy se conoce como «el aromo de Manuelita» o «el aromo del perdón», donde ambas se sentaban a charlar y a tomar mate y donde Manuelita Rosas habría llegado a arrodillarse ante su padre pidiendo comprensión por Camila. Ese árbol hoy puede identificarse porque está levemente cercado en la zona de los bosques de Palermo. En 1974 se dispuso, por medio de una resolución nacional, que se le hiciera un perímetro a la altura de su leyenda. Se colocó entonces una pequeña placa que invoca parte del hecho histórico. Pero lo que ese recuadro metálico no cuenta es la penuria que encierra otra historia de súplicas y desdichas familiares.

LA QUINTA DE ROSAS EN PALERMO

En lo que ahora es el cruce de las avenidas del Libertador y Sarmiento estaba la quinta y el caserón de quien fuera gobernador de Buenos Aires. Una de las entradas a la impresionante estancia se encontraba donde hoy está el ingreso al zoológico. Hacia 1838, cuando Rosas empezó a acumular terrenos, Palermo era una larga franja de quintas y chacras. De 1839 a 1852, el mandatario vivió en una residencia que se hizo construir en estilo colonial y con miradores hacia todos los ángulos. La finca de Rosas fue finalmente demolida en 1899. Y los expertos aseguran que todavía pueden encontrarse rastros de aquella residencia desperdigados por el parque.

CAMPANA DE LA PAZ

3

Jardín Japonés
Av. Casares 2966
• Subte: línea D, estación Scalabrini Ortiz
• Colectivos: 37, 57, 67, 102, 130
• Abierto todos los días, de 10 a 18hs

Una campana que se hace oír apenas dos veces al año

Se hace oír apenas dos veces al año. Y resulta un acontecimiento cargado de simbolismo que muy pocos conocen. La campana de la paz se encuentra en el Jardín Japonés, a pocos metros del emblemático puente curvo de color rojo (*taiko bashi*) que conduce a la "isla de los dioses". Está ubicada debajo de una estructura de madera, de casi 5 metros de alto y techo a cuatro aguas, hecha con quebracho colorado traído de Santiago del Estero. Y nadie autorizado puede acercarse a tocarla.

Solo dieciséis de su tipo hay en el mundo. En Japón se la conoce como Tsuri-Gane y, a diferencia de las que conocemos, no tiene badajo sino que se la hace

sonar con un madero colgante que va atado a uno de sus lados. La campana está hecha en hierro y tiene metales, medallas y monedas acuñadas de más de cien países. Fue inaugurada en febrero de 1998 con motivo del centésimo aniversario de la firma del tratado de amistad argentino-japonesa.

El tercer martes de cada septiembre su sonido reverbera y trasciende los confines del jardín. Cada una de las 16 campanas de la paz en todo el planeta suenan juntas para celebrar el Día Internacional de la Paz. También a fin de año el campanario se vuelve centro de atención: los tañidos de la campana despiden al año viejo y llaman los buenos augurios para los próximos doce meses. La fiesta forma parte de una tradición budista, que indica que deben sonar 108 campanadas. ¿La razón? En el budismo se piensa que cada hombre tiene 108 pecados y que, con cada repique, puede reconocerlos y desecharlos.

EN LOS ALREDEDORES:

Muy cerca del campanario, por el camino que se aleja del lago, se puede ver un ejemplar de *Ginkgo biloba* o árbol de oro (una especie que existe desde el Jurásico y que volvió a brotar tras las explosiones atómicas de la Segunda Guerra Mundial sin que nadie la plantara). El ejemplar es símbolo del renacimiento después de catástrofes y objeto de veneración en Japón. Los días de viento se podrá asistir a una espectacular lluvia de hojas doradas.

MONUMENTO AL PERRO POLICÍA ❹

Cuartel de la Policía Montada
Av. Figueroa Alcorta 3700
• Colectivos: 37, 67, 102, 130

> *Chonino,
> el más
> condecorado
> de la División
> Canes de la Policía*

En los jardines del predio que ocupa la Policía Montada, existe una estatua de bronce que rinde homenaje a un perro: Chonino, un auténtico héroe que murió en cumplimiento del deber. La figura del animal asoma erguida desde un pedestal ubicado a la altura de avenida Casares, antes de llegar a Figueroa Alcorta. Desde ahí sigue vigilando el ovejero alemán más condecorado de la División Canes de la Policía Federal.

Chonino fue reclutado de cachorro en la Fuerza y lo adiestraron como perro de presa. Prestó servicio durante 6 años, hasta el 2 de junio de 1983. Esa tarde fue asignado para un patrullaje junto a dos suboficiales. Durante la ronda, los policías pretendieron identificar a un sospechoso y el hombre respondió a los tiros. Un efectivo resultó herido y Chonino entró en acción, aunque terminó con un balazo en el pecho que lo mató en el acto. La crónica policial indica que, aún malherido, Chonino guardó entre sus fauces un trozo de la campera del delincuente donde estaban los documentos del sujeto, que finalmente fue detenido.

Los restos del ovejero alemán descansan en el Círculo de la Policía Federal, pero en la sede de la división donde "trabajaba" Chonino, instalaron el monumento que lo recordará para siempre.

UN PERRO CON CALLE PROPIA

Al fondo del cuartel de la Policía Montada, entre el paredón que delimita el predio y las vías del ferrocarril San Martín, se abre una callecita de empedrado desparejo y sin veredas: el pasaje Chonino. En 1989, la Municipalidad promulgó una ordenanza (43.486) que bautiza la pequeña traza con el nombre del perro más valiente de la ciudad, en gratitud a su valentía. Y como si todo homenaje fuera poco, se estableció —el 2 de junio— el Día Nacional del Perro. En memoria de Chonino.

EL SIMBOLISMO CONFUSO
DEL MONUMENTO A ROOSEVELT

⑤

Av. Colombia y Cerviño
• Colectivos: 10, 37, 57, 67, 130

> *El presidente más popular de Estados Unidos, entre el fascismo y la libertad*

La explicación de que en Buenos Aires haya una estatua en homenaje a un presidente norteamericano es, sencillamente, su proximidad a la Embajada de Estados Unidos, que fue la que tuvo la idea, gestionó el permiso, encomendó el trabajo y finalmente ordenó la instalación frente a su sede diplomática. Pero la cuestión pasa por entender su significado (toda obra de arte lo tiene) y en este caso resulta un enigma lo que quiso decir el autor, José Fioravanti, uno de los escultores más importantes de nuestro país, creador del Monumento a la Bandera, entre muchos otros.

Ubicada en plaza Seeber, sobre Av. Colombia, la escultura data de 1949. Está montada sobre una plataforma de mármol desde donde asoman tres pedestales con figuras humanas hechas en bronce. La del centro es la imagen del presidente Franklin Delano Roosevelt, sentado como en un trono en lo más alto. Un retrato hiperrealista que supuso un gran desafío para Fioravanti: lograr un parecido decoroso que estuviera a la altura de un personaje de tan alta exposición pública como lo era el demócrata, cuatro veces consecutivas elegido presidente de los Estados Unidos.

Hasta acá no se necesita ser erudito para interpretar el monumento. El problema aparece con las figuras que están a los costados, un hombre y una mujer desnudos, y una simbología confusa. La figura masculina, titulada *Combate del mal,* muestra a una serpiente decapitada en manos de un adonis. Curiosa metáfora de la fatalidad, explica el licenciado Juan Antonio Lázara, experto en patrimonio público: "En este caso, a diferencia de la tradición de la historia de la escultura, que representa la alegoría de la fatalidad en la figura de una víbora que vence a los justos, aquí aparece la fatalidad vencida, encarnada en la serpiente" y entiende que representa al fascismo derrotado en la Segunda Guerra Mundial por las fuerzas aliadas, comandadas justamente por Roosevelt. Al otro lado, la figura femenina llamada *Libertad de religión* resulta un contraste de la otra. Asociada más a la idea de libertad que de religión, la mujer, estilizada y hasta erótica, sostiene en la mano una paloma a punto de volar, lo que supone además una metáfora de la paz.

De ser así, estaríamos ante dos simbologías antagónicas: democracia-libertad-paz y fascismo-fatalidad-guerra. ¿Complementarias?

PLACA DE ALEJANDRO FERREIRO ❻

Av. Scalabrini Ortiz 2846
• Subte: línea D, estación Scalabrini Ortiz

*El croto
más querido
de Palermo*

Alejandro "Pechito" Ferreiro fue un sin techo que vivió durante más de diez años en la esquina de Scalabrini Ortiz y Santa Fe. Se trató de un personaje callejero muy querido. Cuando murió, el 7 de septiembre de 2013, los vecinos se juntaron en su esquina, prendieron velas y armaron allí un altar.

La gente del barrio tuvo una relación personal con este hombre que hacía mandados a cambio de algún billete y vivía ahí con sus perros, su colchón, su pequeño televisor con cable, una garrafa y un equipo de música con el que los fines de semana armaba un karaoke. Hay vecinos que lo recuerdan como "un hijo". Los más cercanos le esculpieron una placa artesanal que se colocó sobre la vereda en octubre de 2013, donde se lee: «Aquí vivió durante 12 años Alejandro Ferreiro rodeado de nuestro amor".

Pechito tenía dos "casas": la puerta del banco y el techo de un negocio. Si llovía, se resguardaba en la entrada del local; si no, estaba en la puerta del banco. "Me gusta que me digan 'croto' o 'linyera'. 'Ciruja' no me gusta", declaró en una de las pocas entrevistas que le hicieron. "La gente me quiere porque soy respetuoso y carismático", agregó.

Poco antes de morir de una insuficiencia pulmonar, Pechito debió ser internado en el hospital Rivadavia. Su desaparición del lugar que habitaba –ante la indiferencia de la mayoría de los peatones– inquietó a sus más allegados, que salieron a recorrer hospitales y comisarías. De acuerdo a lo que pudo reconstruirse, un grupo de asistentes sociales del Gobierno de la Ciudad lo había trasladado al Rivadavia, donde llegó en grave estado y finalmente falleció.

De chico lo habían apodado Pechito por su forma de caminar. "Hago changuitas, mandados. ¿Quién sospecharía que un linyera lleva guita encima? Pago cuentas, compro puchos o nada, no hago nada. Te lo digo así porque odio que me tengan lástima. No soy un resentido. Tampoco me siento discriminado. Hace 12 años que vivo en esta cuadra (...) Tengo dos perfumes. El Colbert es para los sábados".

Murió a los 39 años.

EL LINYERA MÁS FAMOSO, CON ESCULTURA PROPIA

La dupla de indigentes más célebre de la Argentina tiene su estatua en el circuito del Paseo de la Historieta, que cuenta con una docena de personajes desparramados por las calles porteñas. *Diógenes y El linyera* descansan bajo un árbol en el parque de Mujeres Argentinas, en Puerto Madero. La obra del artista plástico Pablo Irrgang es un homenaje a la creación del ilustrador uruguayo Tabaré Gómez Laborde, que se publicó de forma ininterrumpida durante casi cuatro décadas en la contratapa del diario *Clarín*.

EL QUINQUELA DEL SUBTE ❼

• Subte: línea D, estación Plaza Italia

*La obra
más pisoteada
del gran pintor
argentino*

Resulta paradójico. Una de las estaciones más concurridas del tendido subterráneo porteño, la estación Plaza Italia de la línea D, exhibe en su andén una obra de Benito Quinquela Martín. Está a la vista de todos y sin embargo nadie repara en ella. Probablemente sea la más pisoteada de las creaciones del gran pintor argentino.

Se trata de un mural de 6,35 por 4,23 metros, basado en un boceto del artista titulado *La descarga de los convoyes* del año 1939, que está ubicado en el suelo de la plataforma central. Realizado por Constantino Yuste en cemento policromado, el diseño reproduce las clásicas escenas de trabajadores en el Riachuelo, tan típicas del pintor de La Boca.

"El carbonero", así llamaban a Benito. Aquel pibe huérfano que tomó el apellido de su familia adoptiva y convirtió su dura historia en inspiración. Sin técnica y con el conocimiento más elemental de dibujo, pintó a pura intuición su mundo de estibadores, barcazas, pesqueros. Prolífico y obsesionado, Quinquela dejó más de 500 cuadros y miles de bocetos y dibujos en telas, cartones, maderas y murales que forman parte de su legado.

Uno de ellos está en Plaza Italia. Decenas de miles de pasajeros transitan cada día esa estación de subte y pasan apurados, ignorantes de que a sus pies tienen una verdadera obra de arte.

¿Y ESTO?

A veces el arte puede parecer un capricho solo para entendidos. No es el caso del mural de la estación Pueyrredón del subte D. Un puñado de cerámicos apilados conforma una figura incomprensible y extravagante. No intenten buscarle una interpretación, porque... no la tiene.

El dibujo en cuestión se encuentra atravesando el túnel que corre por debajo de la avenida Santa Fe. Cuatro paneles de azulejos con formas geométricas y de varios colores se mezclan de manera caótica, y uno está a punto de creerse expulsado por la vanguardia cuando aparece el dato: hubo un error en la colocación de las piezas.

Hay que tomarse un momento, tras el asombro inicial para entender el equívoco. Los cerámicos fueron puestos exactamente al revés de como correspondían. Es decir, los que iban en la fila de arriba se ubicaron justo al final y eso alteró por completo el dibujo. El descuido no tardó en levantar sospechas insólitas y aún se tejen todo tipo de conjeturas respecto del verdadero sentido de la obra y hasta se habla de un presunto mensaje cifrado que esta figura esconde en las entrañas de la ciudad...

LA COLUMNA DEL FORO IMPERIAL DE ROMA ❽

Santa Fe al 4000
• Subte: línea D, estación Plaza Italia
• Colectivos: 10, 12, 15, 29, 39, 41, 55

El monumento más antiguo de la ciudad

Pocos saben que en uno de los puntos más transitados de Buenos Aires se esconde una auténtica reliquia de la antigua Roma. Se trata de una columna original que tiene dos mil años de antigüedad y fue extraída del mismísimo foro romano. La pieza llegó al país en 1955, donada por el Gobierno italiano.

Y dónde sino en Plaza Italia iban a emplazar este pedazo de historia arquitectónica que, así como está, se convirtió en el monumento más viejo de toda la ciudad. Sin embargo, hace falta poder abstraerse del barullo cotidiano y jugar una especie de ¿Dónde está Wally? para encontrarlo: es que unas treinta líneas de colectivos circulan por la zona, miles de autos, bocinas y gente por donde se mire, pueden confundir al más avispado de los curiosos. Habrá que prestar atención para encontrar esa columna recortada de un metro noventa por 55 de diámetro, hecha de mármol, que asoma por el costado de la rotonda donde termina la avenida Sarmiento, justo a la altura de la calle Thames.

Este tesoro a cielo abierto fue rescatado del origen mismo de la civilización. Lo desenterraron durante excavaciones hechas en el área del Foro, allí donde se desarrollaban las principales actividades del Imperio del César. Pero durante su estadía en Buenos Aires, al menos en las últimas décadas, la columna soportó todo tipo de atropellos y no tardó en llegar a un estado de deterioro y olvido preocupantes. Hasta se robaron la placa de bronce que la identificaba y terminó por convertirse en una piedra muerta con forma de mástil, cubierta de hollín y completamente ignorada por todos.

Fue la Asociación Romana y de Lazio en Argentina –institución que representa a los romanos residentes en el país– la que tomó la iniciativa de recuperar esta obra arquitectónica. Previo planteo a las autoridades porteñas, finalmente lograron restaurar la pieza que, en junio de 2011, volvió a brillar en todo su esplendor, justo para la celebración del 150° aniversario de la unificación de Italia. Vale la pena aclarar la fecha del derroche de grandeza porque no pasó demasiado tiempo para que el balaustre imperial volviera a ser apenas otro ladrillo en la pared porteña.

ESCULTURA *LA SATURNALIA*

Jardín botánico, Av. Santa Fe 3951
• Abierto Lu a Vi de 8 a 19hs. Sábados y domingos de 9.30 a 19hs.
• Entrada libre
• Subte: línea D, estación Plaza Italia. Colectivos 15, 39, 59, 64, 93, 118, 152

> *Por su temática promiscua estuvo prohibida más de medio siglo*

El paisaje de estatuas que hay en el Jardín Botánico tiene una que particularmente llama la atención: muestra a un grupo de personas talladas, como beodas, a punto de caerse. *La Saturnalia*, así se llama, es un grupo escultórico realizado por el italiano Ernesto Biondi, quien en 1909 hizo una copia de la obra original, también de su autoría, para ser traída a Buenos Aires. La iniciativa, en el contexto del primer centenario, había sido de un diplomático con pretensiones artísticas.

Pero 1910 pasó de largo y la pieza estuvo detenida en la aduana hasta 1912. Dicen que su temática provocó cierto escozor entre las autoridades de la época. *La Saturnalia* recrea una festividad popular romana que consistía en una mezcla de todas las clases sociales reunidas en opíparas bacanales callejeras. Durante esas fiestas, los esclavos compartían el mismo vino que sus amos y participaban de un desenfreno que duraba varios días.

La obra quedó en la aduana calificada de "promiscua" y recién en 1912 permitieron que fuera retirada, con la condición de no exponerla públicamente. El diplomático Hernán Cullen Ayerza, responsable de la iniciativa, no tuvo más remedio que llevarla al jardín de su residencia, presumiblemente cómoda.

Pasaron muchos años y en 1957, cuando Cullen Ayerza murió, la escultura fue donada al Museo Nacional de Bellas Artes, tal como decía su testamento. ¿Qué ocurrió? El Museo Nacional se acordó del remoto encono hacia la obra y *La Saturnalia* fue a parar a un "calabozo" municipal. Hubo que esperar a que Arturo Illia asumiera como presidente, en 1963, para que la gente pudiera ver la escultura por primera vez. En otras palabras, medio siglo tardó en ser presentada en sociedad. Primero fue a parar al Club Ciudad de Buenos Aires, en la avenida Libertador, después pasó por el Centro Cultural San Martín y cuando la Dictadura de Videla dio el golpe en 1976, la estatua volvió a "prisión" en un depósito municipal.

Fue otro radical quien exhumó la obra. El Gobierno de Alfonsín se enteró de la historia y rescató la estatua de su estado de abandono absoluto. Una vez restaurada se le dio destino definitivo en el Jardín Botánico, donde ahora se pueden ver los dos sacerdotes junto a una muchachita patricia, una prostituta, un hombre de linaje, un luchador romano, un esclavo, un soldado y un músico. Todo cincelado y extendido a lo largo del bronce patinado.

PASAJE ROBERTO ARLT

Gurruchaga 1959, Palermo
• Subte: línea D, estación Plaza Italia

*Un pasaje
fantasma*

A mitad de cuadra, en Gurruchaga al 1959, pleno barrio de Palermo, un pasaje fantasma se abre paso: no conduce a ningún lugar, no figura en los mapas y ni siquiera tiene aspecto de calle. Es apenas una hendidura en la manzana.

La historia de este corredor, de sólo tres metros de ancho, data de principios del siglo pasado, cuando en aquella Buenos Aires se estilaban los "pasajes de servidumbre". Cuenta la leyenda que un ingeniero inglés llamado Shine, quien ocupaba un cargo importante en la empresa de ferrocarriles británicos, compró en 1910 el lote completo, lo subdividió y mandó construir allí tres casas señoriales (las más altas e imponentes hasta entonces en el barrio), para alquilar a familias adineradas. El proyecto incluía la apertura de un camino lateral que permitiera acceder a las otras tres viviendas diseñadas para él y su familia.

Tiempo después, una de esas casitas del pasaje fue para la nieta del empresario, Elizabeth Shine, que se casó en secreto y se mudó ahí con su flamante esposo, un cuarentón de mucha pinta y más labia, periodista estrella del diario *El Mundo* y por entonces escritor de cierta fama, pero con pésima reputación como marido: Roberto Arlt.

De ahí que se conozca a esta callejuela con el nombre del autor de *Juguete rabioso*. No hay mejor ejemplo de aguafuerte porteña que este rincón de Buenos Aires, un fragmento detenido en el tiempo, lleno de magia y rodeado de misterio. Hasta hace algunos años, los vecinos de la zona se cruzaban de vereda al pasar por ahí. Es que se comentaba que en la casa de adelante vivía un hombre extraño, sin familia y rodeado de perros, que hablaba solo y estaba loco... Nadie sabe precisar quién ocupa hoy esa vivienda.

Fuera de cualquier superstición, lo único que se necesita para encontrar esta callecita fantasma es saber mirar. Ahí donde se amontonan tres casas de estilo victoriano, con techos a dos aguas, justo a la altura del 1959 de la calle Gurruchaga. A un costado, en ese hueco que parece ser un garaje sin reja medio tapado por los árboles de la cuadra, ahí se esconde el pasaje Roberto Arlt.

JULIO SOSA "El Varon del Tango"

POR LA IDENTIDAD CIUDADANA
POR EL TANGO RIOPLATENSE
MUCHAS GRACIAS VARON !

2007

Tangueros y Tanguistas

1949

58 AÑOS DE TU
LLEGADA A LA
ARGENTINA

1964

43 AÑOS DE TU
DESAPARICION
FISICA

DONACION
PABLO BUFFA
RICARDO ALBANESE
19-10-2007

LA MAYÓLICA EN HOMENAJE A JULIO SOSA ⑪

Av. Figueroa Alcorta y Mariscal Castilla, Palermo Chico
- Colectivos: 10, 37, 60, 92, 95, 102, 110, 130
- Ferrocarril Belgrano Norte, estación Saldías

La esquina donde tuvo el accidente automovilístico

Fue en el cruce de la avenida Figueroa Alcorta y Mariscal Castilla, pleno Palermo Chico, un 25 de noviembre de 1964: Julio Sosa chocó su auto contra una de las balizas de concreto que existían por esos tiempos en la ciudad de Buenos Aires y se mató. Ese día nacía otro mito y 43 años después, en ese mismo lugar, esa esquina –y por obra de un fan de El Varón del tango– se colocó una discreta mayólica en homenaje al cantor. Como la leyenda dice poco más que el nombre y la fecha de su nacimiento, la mayoría de los que pasan por la zona cree que el músico vivió en el barrio. En realidad la discreción del tributo es "solo para entendidos y para que no se le haga mala prensa al lugar", tal cual dijo el autor de la iniciativa.

El fan de Julio Sosa que tuvo la –algo confusa– idea se llama Ricardo Albanese y merece ser citado porque no solo gestionó este recuerdo sino que armó una suerte de museo del cantor en su propia casa de Barracas. Allí hay ropa, discos, magazines, revistas y diarios de época, además de distintos objetos personales, en su mayoría donados por la viuda. El dato más curioso quizás sea que en el "museo" se encuentra el volante del auto con el que Sosa tuvo el fatal accidente, manejando un DKW cupé Fissore. Una lástima que se trate de una colección privada que no se puede visitar.

Sosa acababa de salir de Radio Splendid. Había cantado el tango *La gayola*, cuyos versos podrían resultar premonitorios: "Pa' que no me falten flores, cuando esté dentro 'el cajón", dice. Salió de la radio y fue a brindar a una cantina

del Abasto porque un amigo presentador de orquesta hacía su despedida de soltero. Levantó la copa, celebró con colegas y salió del boliche acompañado por tres personas: Raúl Secorún, hijo de su representante, un chileno llamado Contreras y la cantante Marta Quintana. Al rato, y al notar que Sosa conducía demasiado perturbado, Secorún y Contreras decidieron bajarse. Marta no. Los dos se fueron a un bar que estaba ubicado en México y Entre Ríos, a pocas cuadras de la casa de Quintana. El Varón del tango se subió a su auto. Estaba solo. Tomó la avenida Figueroa Alcorta y nunca llegó a destino.

EL APEADERO WITOLD GOMBROWICZ 🕛

Av. Las Heras 2525
• Colectivos: 10, 37, 60, 92, 110, 118, 130
• Lu a Vi, 9 a 21hs; Sa y Do, 12 a 19hs

*Una
biblioteca
al paso*

Sobre la avenida Las Heras, en la manzana de la Biblioteca Nacional, hay una pequeña construcción que sobresale al frente de la plaza del Lector con un nombre un poco extraño: apeadero Gombrowicz. 'Apeadero' es una palabra que se usa muy poco por estos lados a menos que uno sea de leer las traducciones de la Editorial Anagrama. Lo cierto es que este parador con forma de arcada tuvo un inicial atractivo con la denominada "máquina del Bicentenario", una especie de *rockola* que servía como *dispenser* de libritos impresos a escala de atado de cigarrillos.

Cada uno de los autores llegó a tener una tirada cercana a los dos mil ejemplares. Fue todo una iniciativa que llevaron adelante la misma Biblioteca y la Editorial El Zorzal. Entre los autores se destacaban Lucio V. Mansilla, Whitman, Sarmiento, etc. En 2007, la máquina –en rigor un cajero automático caído en desuso– entregaba el libro a cambio de un peso. Había arrancado surtiendo diez autores, con la promesa de seguir avanzando en el catálogo; sin embargo, el artefacto pronto se transformó en una pieza de museo de arte

moderno que estaría –es un misterio tanto su procedencia como su destino– en un sótano de la Biblioteca Nacional, que está justo a sus espaldas.

El cuadrado de cinco metros por cinco con vista a la calle no tardó en convertirse en algo todavía más raro: la única sala de lectura al paso que hay en la ciudad. En sus paredes blancas tiene estantes con los libros que solo edita la Biblioteca Nacional. Hay sillones pequeños y una luz que invitan a sentarse. Los libros solo se prestan a condición de quedarse a leer allí. En una ciudad que no tiene bancos en las calles para demorarse, esta sala de lectura *express* resulta toda una curiosidad.

El apeadero se llama Witold Gombrowicz en homenaje a la larga estadía en la Argentina del genial autor polaco.

MUSEO DEL A.C.A. (AUTOMÓVIL CLUB ARGENTINO) 🔟

Av. del Libertador 1850
• Abierto de lunes a viernes, de 10 a 17.30hs. Entrada gratuita.

*Una grúa
marca Ford,
modelo 1981*

Con la patente SCV 1 (Stato della Città del Vaticano, vehículo 1), el vehículo que usó el papa durante su primera visita a la Argentina en 1982 (originada por la Guerra de Malvinas) se conserva hoy en día en el primer piso de la sede central del museo del Automóvil Club Argentino (ACA).

Cuando Juan Pablo ll vino a Buenos Aires, el Arzobispado porteño le encargó al ACA un vehículo donde fuera posible que la figura papal pudiera ser observada por los feligreses: es decir, un "papamóvil", esos coches blancos adaptados para el paseo. Por tal motivo se procedió a la reconstrucción de una grúa marca Ford, modelo 1981, que se adecuó con las medidas de seguridad dispuestas por el Vaticano.

Un grupo de operarios del Automóvil Club fue especialmente destinado a la reconstrucción de la camioneta y, debido al apuro y a la importancia del vehículo, hicieron el trabajo pretendido *ad honorem* y en jornadas de hasta 24 horas. A la predisposición de los empleados se sumó la ayuda de una empresa metalúrgica (Bottegazzore Hnos.) y de la compañía de cristales Santa Lucía, que aportaron los materiales necesarios para la construcción del papamóvil de manera desinteresada.

Además del papamóvil, el museo del A.C.A guarda autos antiguos y de carrera, fotografías relacionadas con las viejas glorias, publicidades, carteles de ruta, trofeos, cascos y distintas evocaciones de Juan Manuel Fangio, el más grande corredor de nuestra historia así como el primer registro de conducir otorgado a una mujer (1912).

De esa visita se recuerda otro carromato: tras celebrar la misa en Luján, el papa subió a un colectivo marca Mercedes Benz 1114/48 de la línea 501 y regresó a la Capital junto a un grupo de periodistas.

En la segunda visita del papa (en abril de 1987), hubo un papamóvil de la marca Renault, preparado sobre la base de una Trafic. El vehículo se encuentra en el Museo de la Industria, en la ciudad de Córdoba.

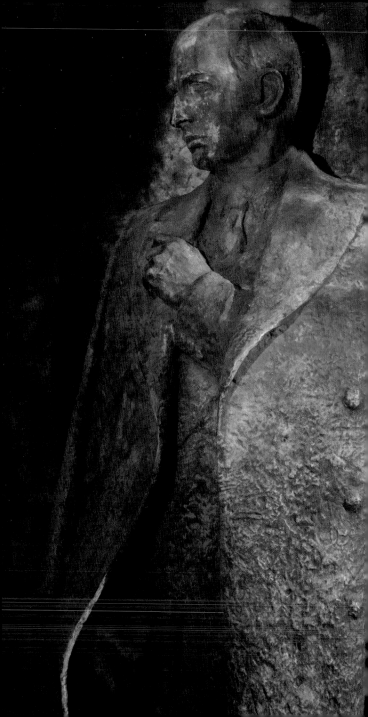

ESTATUA DE RAOUL GUSTAF WALLENBERG 🄪

Av. Figueroa Alcorta y Austria
• Colectivos: 17, 61, 62, 67, 92, 93, 124, 130

> *Un verdadero héroe sin tumba que salvó al menos 30 000 judíos del Holocausto*

La estatua de Raoul Gustaf Wallenberg no tiene pedestal y apenas se distingue del paisaje. Una pared se alza justo al borde de la plaza República Oriental del Uruguay, en la esquina de Figueroa Alcorta y Austria, y sobre ella se recorta la figura de un hombre con sobretodo, sujetando su abrigo y mirando al suelo. Como única identificación aparece el apellido tallado en la piedra. Demasiada austeridad para tratarse de un verdadero héroe.

La pieza escultórica data de 1998. Wallenberg fue un sueco que en 1939 comenzó a trabajar en una compañía que tenía contactos en Hungría, lo que le permitió tener acceso directo a las zonas ocupadas por los alemanes en tiempos de la Segunda Guerra. Sobrevivientes que contaron la historia dieron cuenta de que, a la manera de un Oscar Schindler –empresario alemán que salvó la vida de 1100 judíos polacos–, Wallenberg utilizó pasaportes de su país para evitar que otros miles de judíos terminaran siendo parte de la denominada "solución final". Se ha contado que el hombre del sencillo monumento incluso llegó a subirse a los trenes que conducían a los campos de exterminio, para salvar gente.

Las últimas noticias sobre Wallenberg coinciden en que lo apresaron los soviéticos y que cayó en manos de la KGB. Se lo habría acusado de espionaje para los Estados Unidos. Nunca más se supo de él. También se dijo, sin ninguna consistencia, que habría fallecido en 1947, preso en una cárcel de Moscú. Cuestión por la que, desde entonces, pasó a ser conocido como "el hombre sin tumba".

La escultura de Recoleta es una réplica de la obra que hizo el artista escocés Philip Jackson sobre una pieza de mármol que se exhibe en la Great Cumberland Place de Londres. Que haya una en Buenos Aires no es casualidad: esta ciudad albergó a muchas de las personas que el sueco rescató.

Existen diferentes versiones sobre el número total de víctimas que salvó. Los más pesimistas calculan que Raoul Wallenberg rescató 30 000 judíos en Budapest. Pero hay estimaciones más épicas, que le dan un mérito aún mayor: haber salvado la vida a 100 000 personas. Es, sin ninguna duda, uno de los héroes anónimos de la Segunda Guerra Mundial.

FUENTE DE LA POESÍA

15

Agüero al 2500
• Colectivos: 10, 37, 41, 60, 92, 108, 110, 124

La poesía crea sus propios anticuerpos

Sobre la calle Agüero, entre Las Heras y Libertador, la fuente de la poesía proyectó cada noche desde 1997 hasta 2001, de manera indistinta, ochenta poemas sobre una pared que, a su vez, se reflejaban en el agua.

Versos de Borges, Raúl González Tuñón, Pablo Neruda, Oliverio Girondo, Juan Gelman, Enrique Molina y otros. Por un dispositivo, al caer el sol, un proyector se encendía de forma automática y empezaba el espectáculo. Se trató de la primera intervención urbana que tuvo la ciudad y funcionó a metros del monumento a Mitre. Allí los artistas plásticos Silvana Perl y Enrique Banfi montaron lo que alguna vez fue conocido como "fuente de la poesía".

Los versos eran renovados a cada minuto "con la intención de tomar la ciudad como escenario creativo", según declararon quienes se transformaron en figuras del mundillo y merecieron notas aquí y allá. Lo curioso fue que lo efímero de la propuesta se eternizó más de la cuenta. Consultada sobre el fenómeno de aguante de "la máquina de poesía", Perl se limitó a responder enigmáticamente: "La poesía crea sus propios anticuerpos". Con ese nombre, la fuente duró hasta el 2001, cuando el proyector desapareció junto a los saqueos de fin de año. Se pensó en reinstalarla, pero la pareja artística ya no estaba viviendo en la Argentina.

Donde las palabras parecían nadar, se agrandaban o se volvían chiquitas – según la tipografía– hoy están la fuente, el agua viscosa y un cartel amurado con los nombres de los artistas (no tan) efímeros. Al respecto, el autor Edgard Shaw escribió: "La poesía encerrada en un libro, apretada por un sinfín de otros tomos similares, pierde su frescura, su sabor, su vitalidad. Cuando un poema puede salir a trasnochar y contagiar a los amantes o a los solitarios con su emoción, su mensaje se transmite de ser en ser. Enrique Banfi y Silvana Perl lograron que la poesía se escapara de su cárcel, de su rigurosa contención (…). Son gestos que atenúan la carga hostil de la ciudad".

LA CALLE-ESCALERA ⑯

Arjonilla 2300, Recoleta.
• Subte: línea D, estación Agüero
• Colectivos: 10, 37, 41, 60, 92, 108, 110, 124

Un toque
parisino
en plena Recoleta

Cincuenta metros de amplia escalinata, con nombre y altura, dan entidad de calle y un toque parisino a uno de los rincones más coquetos de Buenos Aires. Apenas una chapa la nombra: Arjonilla nace al pie del monumento a Bartolomé Mitre y desemboca en Agüero, frente a la Biblioteca Nacional. Toda su traza está hecha de escalones. Treinta y tres peldaños, dos descansos y un boulevard mínimo, pero ni un centímetro de asfalto, desafían la lógica de las tan mentadas callecitas porteñas.

Al lugar se lo conoce como "la isla" y sólo se accede caminando o por los atajos sinuosos de los laterales que obligan a los autos a ir en punto muerto. Son un puñado de manzanas distinguidas que convergen en una rotonda. Sobresalen desde la altura, rodeadas de árboles, farolas antiguas y balaustradas. De lo más elegante y cotizado que tiene la ciudad. La idea partió de un proyecto urbanístico de la Municipalidad que, en 1906, quiso tener un barrio parque con mirador al río. Contrató para ello a un especialista: el arquitecto francés Joseph-Antoine Bouvard que había sido director del área de Arquitectura, Paseos y Forestación de París y fue quien se encargó del trazado

de calles, terrazas, las tres escalinatas y del diseño de la actual Plaza Mitre.

En la misma línea, –siempre dentro de "la isla"– la calle Copérnico finaliza en una escalera cuando desemboca en Galileo. Y también Guido recorre un tramo que podría desconcertar a más de un automovilista distraído cuando se topa de golpe con escalones en el cruce con Luis Agote.

Pero sin dudas el mérito a la rareza lo lleva Arjonilla, la única calle-escalera de principio a fin.

EN LOS ALREDEDORES:

EL BANCO DE MIGUEL ABUELO

Al final del barranco que da a la Avenida del Libertador, donde "la isla" se convierte en llano, hay un banco de plaza, uno solo, hecho de granito, a la sombra de un sauce llorón. Aunque no tiene ningún rótulo que lo identifique, la historia del *rock* nacional cuenta que Miguel Abuelo se pasaba horas allí y que en ese mismo lugar reclutó a los músicos que luego se convirtieron en Los Abuelos de la Nada. A Miguel, a Tanguito y a varios otros de los míticos "náufragos", había que encontrarlos en los espacios verdes. Tan *hippies* eran, que podían pasarse ahí noches enteras durmiendo al aire libre.

MUSEO DE CIENCIA Y TÉCNICA DE LA FACULTAD DE INGENIERÍA

17

Av. Las Heras 2214
• Subte: línea D, estación Pueyrredón
• Colectivos: 10, 37, 41, 60, 93, 102, 110
• Visitas guiadas de 9:00 a 19:00hs, previa cita telefónica al 4514-3003

Un museo inadvertido que guarda una colección de objetos fascinantes

El edificio donde funciona la Facultad de Ingeniería de la UBA, en avenida Las Heras, conocido también como la "catedral gótica", tiene un museo de Ciencia y Técnica que pasa inadvertido, aunque guarda una colección de objetos fascinantes.

El péndulo de Foucault en constante movimiento, una lámpara de Edison, un fragmento de roca lunar, una bobina capaz de reproducir el efecto de un rayo, con una descarga de medio millón de voltios, son solo algunos de los elementos que conforman la galería, ubicada en la planta baja, a la altura de la nave central. A los costados de la inmensa escalera se puede ver una serie de maquetas de barcos, motores, teodolitos. La exposición permanente exhibe además una mini locomotora a vapor, un dispositivo que demuestra el teorema de Pitágoras y una réplica a escala de la Torre Eiffel.

El museo se caracteriza por un perfil bajo que cultiva celosamente. Aunque organiza visitas guiadas para colegios y permite el acceso a particulares, previa cita telefónica. El ingeniero Sallaber –director fundador del espacio– explicó las razones: "Hay gente que nos aconseja darle mayor publicidad o colocar un cartel en la calle. Pero el museo no tiene una presencia única en el edificio ya que convive con otras áreas docentes y tampoco hay personal de vigilancia específico como para recibir público en forma masiva, de ahí la preferencia por las visitas acotadas".

Los convidados podrán aprovechar para recorrer parte del edificio, único exponente del estilo neogótico monumental de carácter secular que tiene la ciudad de Buenos Aires.

LEYENDAS DE UN EDIFICIO INCONCLUSO

Es como la versión porteña de La Sagrada Familia de Gaudí: un templo descomunal, de estilo neogótico y eternamente inconcluso. La Facultad de Ingeniería nació como un proyecto demasiado ambicioso para la economía de la época. En 1909, el arquitecto Artuto Prins ganó el concurso para construir el edificio que se inauguró en 1925, a medio hacer. Durante una década la obra estuvo parada y en 1938 se suspendió definitivamente por falta de fondos. Prins murió al año siguiente y se empezó a decir que la construcción se había frenado por un error fatal de cálculos, que si se agregaba un ladrillo más se desplomaría toda la estructura y que cuando el arquitecto se dio cuenta, no pudo tolerar el equívoco y se suicidó. Pero la explicación parece tener más que ver con un desinterés de los sucesivos Gobiernos por terminar la obra, que con el amor propio de su creador.

MAUSOLEO DE SALVADOR MARÍA DEL CARRIL Y SEÑORA

18

Cementerio de la Recoleta
Junín 1760
• Colectivos: 10, 37, 59, 92, 108, 124, 130

> *No se hablaron durante 21 años*

En el cementerio de la Recoleta, el monumento de Salvador María del Carril, ex vicepresidente del general Justo José de Urquiza, tiene un soberbio magnetismo. Según se dice su caso fue el primero de un mandatario al que se le conocieron aspectos privados de su vida conyugal. Casado con Tiburcia Domínguez, tuvieron siete hijos, aunque eso no tiene nada que ver con que su imagen severa y de mármol le dé la espalda al busto de su esposa.

Resulta que Tiburcia era una mujer descontrolada en los gastos, que no salía de *shoppings* –porque en 1854 aún no existía ese concepto–, pero que sin embargo se las arreglaba muy bien para comprar vestidos, perfumes, joyas o cambiar compulsivamente el mobiliario de su palaciega residencia. El doctor Del Carril, hombre parco y probablemente austero, estaba tan impresionado por el nivel de despilfarro de su esposa que, aprovechando sus influencias gubernamentales, hizo conocida públicamente esta suerte de enfermedad. De la noche a la mañana, Tiburcia pasó de consorte de un alto mandatario a la categoría de gastadora perseverante.

Del Carril logró que sus quejas domésticas se filtraran a modo de chisme en diarios como *La Nación*, *La Tribuna* y otros, diciendo que no se haría más cargo de las deudas que ella le ocasionaba y, gracias al ardid del periodismo, hasta logró que se le hiciera saber que le habían suspendido toda posibilidad de crédito.

Abochornada ante la medida y el escarnio público (y publicado), doña Tiburcia decidió no dirigirle más la palabra a su marido hasta el mismísimo día de su muerte: dejaron de hablarse durante 21 años. La venganza fue terrible y, muerto Del Carril, la mujer gastó con una ansiedad retroactiva digna del Guinness. Enojada hasta su propio final, ordenó que el busto de su mausoleo le diera la espalda al de su esposo.

Enojados vivieron, de la misma manera pasaron a la eternidad. Así se los ve en el cementerio. Incluso cuando a uno le da el sol, el otro se mantiene a la sombra. Tan opuestos como el día y la noche.

LA TUMBA DE DAVID ALLENO

(19)

Cementerio de la Recoleta, Junín 1760
• Colectivos: 10, 37, 59, 60, 61, 92, 93, 102, 108

> *El hombre que no pudo esperar su propia muerte*

A l fondo del cementerio de la Recoleta, en el sector 20, casi llegando al paredón que da a la calle Azcuénaga, la tumba de David Alleno es de lo más enigmática. Su lápida es minúscula, la más angosta de la cuadra. El epitafio resulta sobrio: "David Alleno, cuidador del cementerio desde 1881 hasta 1910".

La historia, muy sorprendente, se remonta a mediados del siglo XIX. El pequeño David, ya a los ocho años empezó a frecuentar el cementerio porque sus hermanos mayores trabajaban ahí como serenos. Para él, ese era su lugar en el mundo. Se paseaba fascinado entre las bóvedas, admirando las esculturas y ahí conoció las leyendas más intrigantes y misteriosas que había oído jamás.

Cuando llegó a la edad de usar pantalones largos, el pibe consiguió las primeras changuitas haciendo tareas de mantenimiento y poco después quedó empleado formalmente como cuidador, en el año 1881. Nunca formó una familia. Tampoco le importaba tener que alquilar una pieza de conventillo a falta de casa propia. Su objetivo –o a esa altura, su obsesión– era comprar una parcela y construir su tumba en ese lugar.

Después de mucho esfuerzo, un golpe de suerte lo logró: el hermano mayor ganó la lotería y decidió repartir el premio entre los suyos. Con su parte, David viajó a Italia y encargó una estatua de mármol a un artista que la esculpió a su

imagen y semejanza: un hombre con ropa de trabajo y sombrero, regadera, una escoba y un enorme manojo de llaves. Volvió a Buenos Aires, compró el terrenito de 2 metros por uno y una vez que todo estuvo listo, presentó su renuncia en la administración del cementerio. Fue hasta su casa y se pegó un tiro en la sien. Lo mató la ansiedad de ver cumplido su sueño: habitar su propio sepulcro.

LA TUMBA DE PEDRO BENOIT

⓴

Cementerio de la Recoleta, Junín 1760
• Colectivos: 10, 17, 41, 37, 59, 60, 92, 102, 108, 110, 124, 130

> *¿El hijo de María Antonieta y Luis XVI está enterrado en la Recoleta?*

El cementerio de la Recoleta tiene una sepultura de lo más enigmática: la que guarda los restos de Pedro Benoit (1836-1897), afamado arquitecto y también masón, cuya obra más importante fue nada menos que el diseño de una ciudad entera (la ciudad de La Plata) –estudiada como proyecto masónico a gran escala–.

Un secreto "real" se esconde debajo de esa cripta que se destaca en una ochava con un busto colocado sobre una piedra y una mujer a sus pies, en actitud contemplativa. En la escultura se advierte una escuadra y un compás, símbolos que remiten a su vocación, pero más a su masonería. En esa parcela descansa también su padre, Pierre Benoit, quien –se sospecha– fue el último heredero de la corona de Francia. Todavía se discute y aún se investiga la veracidad de la historia. A esta altura, el gran chisme lapidario.

El misterio se remonta a 1789, plena Revolución Francesa. Luis XVI y María Antonieta van a la guillotina y sus hijos son encarcelados en una torre de París. El niño prisionero tenía entonces 8 años y se llamaba Luis Carlos. La historia oficial dice que murió de tuberculosis. El mito lo ubica a salvo en Buenos Aires, protegido por una familia patricia, y con nueva identidad: Pierre Benoit, llegado a la ciudad con una carta de recomendación del mismísimo Napoleón Bonaparte.

El resto se fue tejiendo a fuerza de suspicacias, coincidencias y omisiones. Dicen que cuando se casó le pidieron a Pierre el nombre de su madre y él solo dijo que se llamaba María Antonieta pero evitó mencionar a su padre. La bisnieta del Pedro Benoit arquitecto, el de los planos de la ciudad de La Plata, Elina Benoit Pieres –árbol genealógico en mano– afirma: "El hecho de que mi tatarabuelo fuera Luis XVII se transmitió de unos parientes a otros. Él le dijo a su hija que venía de cuna de oro. Le llegaban cartas en francés pero nunca quiso leerlas y prohibió que se hablara en la casa ese idioma".

Hay un dato que reafirma la sospecha: en 1894 se exhumó el cuerpo del presunto delfín, enterrado en el cementerio parisino de Santa Margarita (ver, de la misma editorial, la guía *París insólita y secreta*) y con gran conmoción se comprobó que el cuerpo correspondía a un jovencito varios años mayor a la edad que se supone tenía Luis Carlos al morir. Un siglo después, en 1996, de este lado del mundo se encontraban restos de Pierre Benoit, en un rincón olvidado del cementerio de la Recoleta, mezclados con huesos de otras 18 personas. Las muestras de laboratorio volvieron a inquietar, el francés nacionalizado argentino había muerto envenenado con arsénico. ¿Quién querría matar a un simple ingeniero que además llevaba años postrado en una cama?

La familia Benoit prefirió no hurgar en el pasado. Quedará la duda de si Pierre fue en realidad Luis XVII, el rey sin corona.

SIMBOLOGÍA MASÓNICA EN EL CEMENTERIO ㉑ DE LA RECOLETA

Junín 1760
- Abierto los 365 días del año de 7 a 17hs
- Subte: línea D, estación Callao. Colectivos: 10, 37, 59, 108, 110, 124

> *Maestre de la masonería argentina, Sarmiento diseñó su propia tumba*

Es probable que quienes visiten el cementerio de la Recoleta, fascinados por el atractivo de muchas de sus tumbas famosas, pasen por alto la gran cantidad de símbolos masónicos que se pueden encontrar entre los sepulcros.

De hecho, el cementerio perdió su condición de camposanto en 1853 cuando el presidente Bartolomé Mitre ordenó el entierro del Dr. Blas Agüero, un masón declarado a quien el arzobispo de Buenos Aires le había negado cristiana sepultura justamente por su condición. Mitre decretó el permiso para el entierro y el cura decidió entonces retirar la bendición a la necrópolis.

Vale la pena detenerse en el mausoleo de Domingo Faustino Sarmiento, además de prócer de la Patria, gran maestre de la masonería argentina. Pocos saben que fue él mismo quien diseñó su propia tumba. Se cuenta que mientras estaba en el exterior dirigía la obra a distancia (este dato fue documentado mediante cartas que envió a sus hermanas) y estuvo pendiente de cada detalle.

Para encontrarla hay que tomar el primer pasillo que se abre a la izquierda, ni bien se accede al cementerio. Caminarlo casi hasta el final y tomar la callecita que nace metros antes del paredón. Ahí nomás está la cripta, repleta de alegorías masónicas: un pavimento de mosaicos en blanco y negro (signo de la luz y las tinieblas), la cadena de unión y un obelisco que en la masonería representa la "piedra de la perfección" del jefe masón. Un poco más allá también puede verse, algo escondida detrás de un macetero, una placa de la logia argentina a la que Sarmiento perteneció. El mausoleo familiar se terminó de construir en 1883, cinco años antes de su muerte, y en 1946 fue declarado monumento nacional.

Otro panteón destacado es el de la logia Obediencia a la Ley, que exhibe las figuras del compás, la escuadra y la letra G, tres puntos característicos de la escritura masónica que refieren los límites, la virtud y a Dios como gran arquitecto del universo. Además de un delta en el frontón, imagen masónica paradigmática de la divina esencia. Para encontrarlo deberán preguntar por la sección 6, tablón 11, y recorrer los nichos del 1 al 6. Difícil dar más precisiones en el laberíntico cementerio de la Recoleta.

EL TITÁN DEL GOMERO DE LA RECOLETA ㉒

Roberto Ortiz y Quintana, Recoleta
• Colectivos: 17, 60, 67, 110, 124

Una escultura que sostiene al árbol más viejo de la ciudad

Imposible no verlo. Esa mole gigante de color verde, enormes brazos y raíces anchas, enclavada en la plaza Juan XXIII en el paseo de la Recoleta, pegadita a la tradicional confitería La Biela, es el árbol más viejo de la ciudad. No hay placa que lo identifique, pero tampoco cuesta tanto reconocerlo. El anciano gomero se impone con su sola presencia. Está rodeado por una reja que lo protege y que tiene en la base un banco circular condenado a la sombra eterna.

Este ejemplar, técnicamente llamado *ficus elastica*, fue traído de la India por los monjes recoletos y plantado en el año 1781, cuando el lugar era un páramo de vegetación, casi un jardín botánico repleto de especies exóticas. Desde entonces, no paró de crecer. Para tomar dimensión de su tamaño hay que hablar en cifras: al momento de escribir este texto, su tronco medía más de siete metros de ancho, la frondosa copa tenía 20 metros de alto por 50 de diámetro, muchas de sus ramas superaban los 25 metros de largo.

Aunque goza de perfecta salud, hubo que apuntalarlo en varios tramos para evitar que los brazos se vencieran por su propio peso, lo que contribuyó a la expansión de toda su estructura.

Como una metáfora de ese esfuerzo, hacia fines de 2014 se inauguró una obra artística llamada *Atlas*. La pieza escultórica de Joaquín Arbiza es un titán condenado a cargar el peso de semejante historia vegetal. La obra, que casi en su totalidad fue realizada con chatarra de autos viejos, tiene más de tres mil piezas soldadas individualmente y, según el autor, mide 1,92 metros y pesa

alrededor de 250 kilos. "Para el que la ve de cerca tiene algunos detalles especiales. Por ejemplo, en el brazo puse una vieja llave de auto que dice 'Renault Argentina'".

En sus más de 230 años de vida, el gomero de la Recoleta fue testigo presencial y discreto de los cambios sociales, culturales y urbanos de una ciudad a la que casi vio nacer. Pero además fue pionero: hay quienes aseguran que todos los gomeros que hay en la ciudad –sí, todos– son retoños suyos. Imperturbable y sabio, él sigue allí, para sorpresa y admiración de los curiosos que pasean por Plaza Francia, ni enterados que tienen delante un árbol único.

EL ALTAR DE LAS RELIQUIAS

❷❸

Iglesia del Pilar, Junín 1904, Recoleta
• Colectivos: 17, 61, 92, 110, 124
• Se hacen visitas guiadas un domingo al mes. Llamar al 4806-2209

Contiene restos de San Pedro y San José

L a basílica Nuestra Señora del Pilar data del siglo XVIII. Se trata del segundo templo más antiguo de la ciudad –primero fue la iglesia San Ignacio inaugurada un par de años antes, en 1722– y es el único que conserva el estilo arquitectónico colonial. Por estar emplazada en uno de los polos turísticos más concurridos de Buenos Aires, pleno barrio de la Recoleta y justo al lado del cementerio, la parroquia recibe a miles de personas cada año.

Es obligada la visita de los claustros, el patio del aljibe, el museo y cada una de sus capillas, de enorme valor arquitectónico y espiritual, pero hay que prestar especial atención al llamado "altar de las reliquias". Muy pocos saben que ese sagrario guarda restos de San Pedro, San José, Santa Ana, San Joaquín, San Ignacio de Loyola y San Juan. La referencia no aparece explícita en ningún lado, ni carteles ni flechas; la más austera reserva para un secreto que, paradójicamente, se encuentra expuesto al público y sin embargo es ignorado por la mayoría.

Ubicado justo a la entrada de la iglesia, sobre el lateral derecho, el altar se construyó en 1779 especialmente para albergar las reliquias que fueron obsequiadas por el rey Carlos III de España al padre Francisco de Altolaguirre, el primer fraile recoleto nativo que visitó al monarca español. Hecho de madera policromada, con detalles de carey, bronce y estaño, el relicario contiene urnas, objetos litúrgicos y gran cantidad de imágenes en cera.

A un costado, sobre la reja que preserva la capilla, están expuestos los documentos que acreditan la procedencia de las reliquias, con el detalle incluso del registro de embarque que despachó el envío desde España. Pero nada se dice de los santos, cuyos restos descansan en esas arcas. Las autoridades de la iglesia explican que fueron obtenidos del Archivo de Indias, organismo que tiene sede en Sevilla –creado por el rey en 1785 con el objetivo de centralizar toda la información referente a la administración de las colonias– y que allí se encuentra el listado completo de los mártires del relicario. Confirman el dato y aclaran que no es necesario hacer alarde de semejante tesoro.

EL "ÁRBOL-PUERTA" DE PLAZA SAN MARTÍN ㉔ DE TOURS

Av. Alvear y Adolfo Bioy Casares
• Colectivos: 17, 67, 92, 93, 110, 124, 130

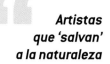

*Artistas
que 'salvan'
a la naturaleza*

¿Qué hace esa puerta roja empotrada en un viejo tronco ubicado en la plaza San Martín de Tours, en Recoleta? ¿Se le dirá escultura de arte natural? ¿Será la puerta de la percepción que alguna vez imaginó Aldous Huxley?

Árboles secos que iban a ser retirados de la vía pública encontraron en realidad una nueva vida al ser reciclados por artistas que los transformaron en piezas decorativas. Tal es el caso del «árbol-puerta».

La idea arrancó en 2011 por iniciativa de un plástico llamado Diego Musadi, quien convenció a las autoridades municipales de la abstracción, argumentando que nada es viejo, que todo se recicla. Luego de la máxima ecologista, Musadi se unió a la muralista Alicia Quintana y juntos comenzaron a rescatar árboles de un destino seguro de leña para el asador. El árbol seco de la plaza San Martín de Tours, remoto y disminuido delante de otras especies –algunas históricas–, sobrevivía como podía con sus ramas inseguras y a punto de quebrarse. Desde 2011, y previo a una ínfima y necesaria poda, pasó a destacarse como un tronco pintado con una misteriosa puerta cerrada. La pequeña obra de arte es una invitación a la curiosidad, aunque resista sin pelos ni señales. No hay firmas de los autores ni placas explicativas. Los vecinos consultados dijeron desconocer por completo la procedencia de la misma, algo parecido a lo que sucede entre los comerciantes de Juan B. Justo al 6500, quienes conviven entre tilos y plátanos pero no saben qué especie arbórea es la que tiene un vistoso cierre color oro, que por supuesto también es obra de la dupla escultórica. "A la gente le llama la atención la tarea que realizamos", dijo Musadi, considerando que la movida tiende un puente entre el arte y el medio ambiente, "esto es vida nueva para una pequeña parte de la naturaleza".

Los árboles de la plaza San Martín de Tours fueron mayormente plantados por los monjes recoletos en el siglo XIX. El más destacado es un ejemplar ubicado casi sobre la Av. Alvear, regalo del entonces presidente Nicolás Avellaneda, quien sentía gran predilección por las plantas. Se trata de un ficus gigante que data de fines del 1800 y tiene las raíces externas tan desarrolladas que se levantan como si fueran paredes, formando un laberinto sobre el suelo.

EL EX ESTUDIO DE GRABACIÓN DEL ATENEO ㉕ GRAND SPLENDID

Av. Santa Fe 1860
• Subte: línea D, estación Callao. Colectivos: 12, 39, 106, 111, 124, 150, 152

Allí Gardel inmortalizó su voz en los años 20

En la librería Grand Splendid hay un lugar escondido al que se accede a medias por una pequeña escalinata. Hoy es una habitación vacía, pero en los años 20 allí, en lo que alguna vez también fue un cine, funcionó un estudio de grabación por donde pasó el mismísimo Carlos Gardel.

Hay que enfocarse para arriba, tentar la tortícolis e imaginar lo que podría ser la buhardilla de Marguerite Duras en clave porteña. El cuarto de cinco metros de ancho, amplios ventanales y unos veinte metros de largo, ese tubo con pisos de carísima pinotea es una de las fotografías tapadas de Buenos Aires: mientras abajo miles de personas desfilan entre los escaparates de la elegante librería, ¿quién sabrá que este salón guarda la resonancia de la voz de Gardel? Es más, ¿cuántos estarán al tanto de que aquí, antes de la librería y antes del cine, hubo un estudio de grabación donde Carlitos, a veces en calzoncillos – arriba hacía mucho calor– inmortalizó su voz para el sello Odeón?

El edificio lo mandó a construir el empresario discográfico Max Glücksmann, representante del mítico sello Pathé. Max llegó a estas orillas con ambiciones y ordenó levantar el edificio en una zona de Buenos Aires que, por ese entonces, no se la conocía como Barrio Norte sino como la Saint Germain porteña, en obvia alusión a la bohemia de La Ciudad de la Luz. Lo que alguna vez fue el cine Grand Splendid se terminó de edificar en 1919 por obra de los arquitectos Pizoney y Falcope. La cúpula que remata la construcción es un fresco del maestro italiano Nazareno Orlandi.

Justo detrás de la cúpula, que está tal cual, se encuentra la habitación vacía y el recuerdo: Gardel grabó en 1920 para el sello Odeón, ahora EMI. Según la leyenda, en la sala de las alturas, Glucksmann, acaso hechizado por el tango, se tomó el atrevimiento de explicarle al Morocho determinados trucos de estudio, como la manera de lograr mayor eficacia en la voz durante las sesiones de grabación con un ejercicio que le permitía, tomándose del respaldo de una silla, expandir, ampliar la caja torácica.

Desde ese edificio también se hicieron las transmisiones de Radio Splendid. Lamentablemente no se puede ingresar a la pieza porque ahora es una suerte de depósito de la librería reconocida mundialmente. Pero la puerta sigue estando allí para ser fotografiada por los gardelianos de todo el mundo.

PATIO DEL LICEO

26

Av. Santa Fe 2729
• Subte: línea D, estaciones Agüero y Pueyrredón

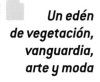

*Un edén
de vegetación,
vanguardia,
arte y moda*

Lugar extraño si los hay, mezcla de oasis verde con arena *vintage*, único en su especie, el Patio del Liceo encierra una de esas historias de la misteriosa Buenos Aires que tanto nos deleitan. Fue la primera escuela *shopping* de la Capital y antes –durante las Invasiones Inglesas–, un cementerio. Pero si llegamos rápido al siglo XXI, hoy, esta galería es como un nuevo Instituto Di Tella gracias al genio y figura de Antonio Varela, patrono del Patio con club de fans en Internet y al que se puede encontrar siempre en su interior (¡acepta fotos!).

El Patio del Liceo, regado de plantas, casi un jardín escondido, está ubicado en Barrio Norte, exactamente en la avenida Santa Fe 2729, entre Anchorena y Laprida. Lo que fue, entre otras cosas, un liceo de señoritas y una feria de ropa usada en la década del 90 se transformó en un edén de vegetación, vanguardia, arte y moda, con locales de diseño extravagantes, artistas emergentes, pintores que abren las puertas de sus ateliers al público y grafitis por todas partes.

Varela le dice "La cueva de arte". Él, con sus propias manos, arregló paredes y techos y cambió los pisos. Si lo ves –seguro que lo ves, porque vive ahí dentro– te va a repetir su obra de reconstrucción. Marta Minujín se pregunta cómo hizo un gasista y plomero matriculado para convertirse en el nuevo Romero Brest, en referencia al emblemático director de la usina cultural que fue el Di Tella.

En esas galerías con curiosos toques de jardín sevillano, hay una colección de locales con nombres poéticos que ameritan una segunda lectura para comprender bien qué clase de cosas podríamos comprar. Studio 488, Pasto y Fiebre son tres locales que llaman la atención por las fabricaciones de nuevos decoradores. Hay una librería (Purr) y negocios de ropa bastante original. Y existe un diseñador de joyas que vende "objetos religiosos y mágicos", convirtiendo al patio en el universo artístico más alternativo de la ciudad.

Lo alternativo es la innovación, y en el fondo, en una cocina con preferencias vegetarianas, Varela se ocupa de los platos y del cuidado de las bicicletas que estacionan propios y extraños. De eso y de las plantas que ornamentan el espacio. Porque, como le gusta decir, "un patio sin plantas es lo mismo que un jardín sin flores".

PUERTA DE ENTRADA DEL MUSEO CASA DE RICARDO ROJAS

Charcas 2837
• Subte: línea D, estación Agüero

Una fachada idéntica a la de la Casa de Tucumán donde se declaró la independencia en 1916

Lo que fue la vivienda del escritor, ensayista y educador tucumano Ricardo Rojas, y hoy es el Museo e Instituto de Investigaciones llamado "Casa de Ricardo Rojas", con más de 20 mil libros, tiene por fachada una réplica de la histórica Casa de Tucumán. El museo está en una zona de edificios como cualquier otra en la ciudad, pero traspasar la puerta es como zambullirse en los restos de una arquitectura típica del Alto Perú. Ubicada sobre Charcas 2837, el interior tiene un patio y unas galerías como las que solamente se pueden ver en la zona del Bajo porteño.

Sólo cuando uno está adentro entenderá que esas características no hacen más que plasmar la doctrina euríndica de Rojas, una mezcla de Europa y las Indias que el escritor utilizó para elaborar su teoría acerca de que América es un conglomerado multicultural que interviene sobre el hombre común y, en consecuencia, sobre el ser nacional. Esa convivencia subsiste armónicamente en los ladrillos de la construcción inspirada por el arquitecto Ángel Guido.

Rojas, el autor de *El santo de la espada*, había vivido de chico cerca de la casa donde se declaró la Independencia. Por ello encargó el proyecto pidiendo que se tuvieran en cuenta los planos de cimentación neocoloniales, con un gran patio interior que hiciera de distribuidor hacia las habitaciones. La fachada, no. Ahí no pidió imaginación, pidió que hubiera un encontronazo con la historia: que la entrada fuera igual a la vivienda donde se declaró la Independencia, el 9 de julio de 1916. Su portón de dos hojas en madera, las columnas salomónicas, las tejas típicas de las casas coloniales, las cúpulas. Allí vivió Rojas desde 1929 hasta su muerte, en 1957. Un año después, su viuda, María Julieta Quinteros de Rojas, se la donó al Estado Nacional con su mobiliario y todos los objetos de arte más sus inmensas bibliotecas. La casa se sumó a la lista de museos nacionales en 1958.

La idea fue mantener el estilo a través del tiempo y en pleno siglo XXI la ciudad todavía tiene una residencia que conserva su puerta cancel, sus extraños apliques incaicos y unas trazas limeñas que contrastan con el paisaje. Adentro –porque vale la pena pasar– hay un salón de actos, un recinto colonial, la enorme biblioteca que ostentaba Ricardo Rojas y un escritorio.

EL SUR

MUSEO MANOBLANCA

❶

Tabaré 1371, Pompeya
• Lu a Vi de 8.30 a 11hs y de 14 a 16hs
• Entrada gratuita
• Para visitas guiadas, solicitar turno al 4918-9448

*El templo
del fileteado
porteño*

Seguir la huella de la historia popular de la ciudad de Buenos Aires obliga a recorrer los cien barrios porteños. Hay que gastar las suelas, llegar a los bordes, espiar en cada rincón y saber reconocer esa impronta que la vuelve única. En ese trajín aparece inevitable *Pompeya y, más allá, la inundación…*

Homero Manzi, el tango y todos nuestros poetas lunfardos reunidos en una casa-museo que hace honor al barrio que se alza a orillas del Riachuelo. Nacido hace tres décadas, *Manoblanca* es la creación obstinada de don Gregorio Plotnicki, vecino orgulloso y coleccionista de raza.

El museo alberga objetos de todo tipo: pinturas, fotografías, bustos y retratos de los más destacados referentes del tango; monedas, estampillas, cachivaches, documentos del barrio, antigüedades, miniaturas y cientos de recuerdos que dan testimonio de una época. Pero el espacio dedicado al fileteado merece un apartado especial.

Plotnicki le hace justicia a este estilo artístico tan popular y tan porteño, nacido con el siglo XX como ornamento multicolor de los carros que circulaban por la ciudad, pronto extendido al transporte público en los históricos colectivos Mercedes Benz. Un arte exótico tardíamente reconocido como Patrimonio Cultural de Buenos Aires.

El Museo Manoblanca posee una importantísima colección de fileteados, muchos de ellos de los artistas más importantes que utilizaron este recurso, como León Untroib, Martiniano Arce y Luis Sorzs, y convirtieron este lugar de manera tácita en el museo del fileteado que oficialmente la ciudad aún no tiene.

Se puede visitar de lunes a viernes, por la mañana temprano y a la tarde. El horario es cortado porque lo atiende el dueño de casa, el mismo que se levanta a las cinco y media, desayuna, abre al público, ordena, limpia y hasta custodia cada sala mientras las visitas recorren el lugar. Los fines de semana, permanece cerrado; son días de descanso para don Gregorio.

EL MURO DE BERLÍN EN BUENOS AIRES ❷

-Edificio de Editorial Perfil, California 2175
Ferrocarril Roca, estación Hipólito Yrigoyen
• Colectivos: 10, 12, 17, 20, 22, 24, 45, 74, 93, 129, 134
-Palacio San Martín, Arenales 761
• Subte: línea C, estación San Martín / Colectivos: 45, 106, 108, 150, 152

> Uno
> de los fragmentos
> más grandes que
> hay fuera
> de Alemania

La ciudad de Buenos Aires tiene dos rincones que guardan celosamente un pedazo de la historia universal contemporánea. Esto es literal: se trata de fragmentos del muro de Berlín que se pueden ver y visitar en los barrios de Retiro y Monserrat.

El mayor símbolo de la división del mundo durante la Guerra Fría, esa cortina de hierro que durante 28 años partió en dos a Alemania (y a toda Europa) y que se cayó a pedazos la tarde del 9 de noviembre de 1989, repartió sus ladrillos en más de 40 países. La Argentina es uno de ellos.

Chacabuco 271. Más de un distraído se sorprenderá al toparse, llegando a la esquina de Diagonal sur, con ese enorme paredón de concreto grafiteado que asoma a un costado en el hall de entrada al edificio donde funciona la Editorial Perfil. No es una galería de arte y, aunque parezca, está lejos de convertirse en una instalación. Ahí se encuentra uno de los tramos más grandes del muro de Berlín que hay fuera de Alemania. Son siete bloques alineados, que se pueden ver desde la vereda.

La idea de traer una parte del muro surgió el mismo día de la caída, aquel 9 de noviembre de 1989. Lo cuenta Jorge Fontevecchia, CEO de la editorial: "Estábamos a punto de lanzar la revista *Noticias* y pensamos que era un hecho de mucha relevancia para la libertad de expresión". El periodista se puso en contacto con la diplomacia alemana para saber si era posible. Una semana después, le respondieron que aunque no estaban entregando restos de la muralla podían hacer una excepción a cambio de que construyeran una escuela en su país (Alemania). "Hacer la escuela allá costó unos 10 mil dólares, pero más caro fue traer los bloques desde Berlín a Buenos Aires", contó Fontevecchia. A lo largo de 1992, la revista *Noticias* distribuyó trozos del muro con sus ejemplares y de esa manera dio a sus lectores la posibilidad de tener una pequeñísima parte de la historia en su casa.

Pero no es el único lugar con tamaño tesoro. El palacio San Martín, sede de la Cancillería argentina, guarda otro fragmento del muro en sus jardines. La pieza fue donada por el Gobierno alemán en 1999, al cumplirse los diez años de la caída. Aunque es bastante más pequeño que el de la calle Chacabuco, el bloque de piedra (de 3 metros de alto por 1,20 de ancho) adquiere en ese contexto y lugar otro valor simbólico: un emblema de la libertad y la unión de las naciones.

El palacio San Martín hace regularmente visitas guiadas gratuitas que incluyen, en el tramo final de su recorrido, también este jardín.

ESCULTURA *EL COLOSO* DE LA RIBERA ❸

Camino de la Ribera, en el cruce de Pellegrini y Levalle, Avellaneda
• Colectivos: 10, 17, 22, 33, 74, 95, 98, 100, 134

> *Monumento al descamisado*

En los confines de la ciudad, la escultura metálica y oxidada, de 15 metros de altura, que se levanta entre las fábricas del polo industrial ubicado sobre la orilla sur del Riachuelo, fue concebida como un homenaje a los trabajadores que el 17 de octubre de 1945 cruzaron la Capital en apoyo a Juan Domingo Perón, encarcelado por la Dictadura. La movilización más importante de la historia del movimiento obrero en la Argentina.

Obra de Alejandro Marmo y Daniel Santoro –el primero reconocido por sus trabajos en espacios públicos con utilización de rezagos industriales; el otro, un pintor inspirado en la iconografía peronista–, *El coloso* de la ribera fue instalado en mayo de 2013 y no tuvo mayor difusión. Por eso más de uno se sorprende, incluso algunos hasta se asustan, sobre todo si es de noche, cuando ven esa figura descomunal emergiendo de las aguas, mientras cruzan el Puente Pueyrredón, camino a Avellaneda.

Marmo describe a su descamisado como un símbolo retrofuturista. "El material de desguace de las fábricas era la metáfora perfecta para sintetizar esa historia inmigrante de desarraigo y tristeza portátil, el humo de las chimeneas y el típico mediodía de trabajadores sentados en el cordón comiendo su vianda…", dice el hombre que también diseñó los murales de Evita ubicados en el viejo edificio de Obras Públicas, sobre la 9 de Julio (ver pág. 75), de los que también participó Daniel Santoro.

El monumento se encuentra en un lugar muy poco transitado, justo sobre la ribera del río. Para llegar, es necesario cruzar del lado provincia, o bien posarse justo del otro lado de la orilla sobre la avenida Don Pedro De Mendoza. La escultura mira hacia la ciudad y lleva en sus manos una imagen de Evita. Sobre una de las piernas puede verse una serie de inscripciones. Son fechas dispuestas en absoluto desorden pero que hacen referencia a momentos clave de nuestra historia: el Cordobazo de 1969, las huelgas obreras de 1982, los fatídicos 19 y 20 de diciembre de 2001, y, claro, el 17 de octubre de 1945.

LAS FACHADAS COLOREADAS DE LA CALLE LANÍN

4

Lanín 33, Barracas
• Colectivos: 25, 45, 95, 100, 134

La calle de la psicodelia

L a calle Lanín es una rareza que logró transformar la lógica urbana, justamente sacándole lógica, urbanismo, y poniendo en su lugar una cuota de arte inadmisible para una ciudad tan racionalmente congestionada.

Colorear alrededor de 40 fachadas de casas es un común acuerdo que solo puede lograrse en el entendimiento familiar que propone esta callecita apartada al sur de la Capital.

Lanín está en el barrio de Barracas y esta muestra permanente, desde principios de este siglo, corre pegada al paredón del ferrocarril. Lo que vemos es un continuo de obras artísticas enmarcadas por molduras metálicas que redondean el concepto de una instalación llamada Huellas del Aire; en realidad fragmentos de cielo y espejos que organizan la extraña fantasía de paraíso terrenal.

El proyecto arrancó en 2001 con una fiesta en plena calle de la que participaron vecinos y artistas. Cuatro años después se unió al concepto un mosaico veneciano en todas las fachadas de las casas. Las intervenciones fueron pensadas por Marino Santa María, vecino y artista plástico. Él tuvo la idea de ponerle una paleta de color a lo que fuera la zona más gris y fabril de la ciudad.

La calle Lanín es una curva que tiene tres cuadras, entre Suárez y Brandsen. Es posible que la singularidad plástica soporte el paso del tiempo porque está en un lugar intransitable, donde nada más que el traqueteo del tren interrumpe el silencio monástico de la zona. Marino Santa María diseñó este espacio de arte público con la idea de cambiar el recuerdo sombrío del barrio donde nació y se crio. En 1998 resolvió darle "vida" al frente de su casa natal ubicada en Lanín 33. Ese fue el puntapié inicial.

Después, las fachadas fueron matizadas con colores primarios, buscando adaptarse a la cualidad arquitectónica, sencilla, de cada una de las viviendas. Los vecinos de Lanín resultaron esenciales para que la iniciativa se llevara adelante. Es más, algunos –a las órdenes del propio Santa María– improvisaron con los pinceles sobre el frente de sus propias casas.

Dijo Santa María: "El objetivo no es convertir esto en un museo al aire libre ni hacer peatonal la calle al estilo de Caminito. Lo mejor sería que no pierda el ritmo que tiene hoy para que el arte conviva realmente con la vida cotidiana. El arte público no tiene que tener funcionalidad, es simplemente para que esté al alcance de la gente que no va a los museos".

LA REJA ENCANTADA
DE LA IGLESIA SANTA FELICITAS

❺

Isabel la Católica 520
• Colectivos: 12, 17, 24, 39, 45, 60, 93, 129
• Cada 30 de enero

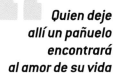

Quien deje allí un pañuelo encontrará al amor de su vida

Cada 30 de enero, la reja perimetral de la iglesia Santa Felicitas de Barracas se llena de cintas y pañuelos blancos, alguno rojo. El ritual se extiende a lo largo de todo el día y se hace por amor, o mejor dicho por la creencia obstinada en una leyenda centenaria que dice que quien se aferre a esa reja conseguirá el amor de su vida o –si ya lo tiene– lo conservará para siempre.

Es curioso porque la historia que dio lugar al mito tiene más que ver con el desengaño amoroso que con la pasión del enamoramiento.

Felicitas Guerrero era una joven rica y hermosa pero desgraciada: a los 15 años su papá la casó con un señor que le triplicaba la edad, Martín de Álzaga (60), con quien tuvo dos hijos –uno murió a los seis años de fiebre amarilla, el otro apenas recién nacido–. Al poco tiempo, Felicitas enviudó y una cola de pretendientes empezó a disputarse su belleza (y su fortuna). Pero de todos, Enrique Ocampo –caballero de la alta sociedad– se obsesionó con ella; la seguía a donde fuera, y cuentan que llegó a jurarle "si no puedo ser el sol de su amor, seré su sombra". La asesinó el 30 de enero de 1872, de un disparo por la espalda, cuando comprendió que no era él el elegido.

La familia Guerrero levantó en ese lugar un templo en memoria de su hija. Y empezó la leyenda, con fantasma incluido. Dicen que la maldición de su enamorado hizo que Felicitas nunca descansara en paz y que, cada tanto, su imagen espectral se pasea por los alrededores de la iglesia. Pero sus devotos la ven como una redentora y por eso, en el aniversario de su muerte, la reja se cubre de cintas y pañuelos: los más desdichados dejan su ofrenda de amor. También están quienes se aferran porque así –confían– conseguirán al hombre, o a la mujer, de su vida.

El templo Santa Felicitas es la única iglesia de estilo neorrománico alemán que queda en pie en todo el mundo y la única con estatuas de figuras terrenales en Buenos Aires. Proyecto del arquitecto Ernesto Bunge, el edificio es imponente y ecléctico con influencia gótica. Al entrar a la capilla, se encuentran dos grandes estatuas esculpidas en mármol de carrara: a la derecha, de pie, está la imagen de Martín de Álzaga y a la izquierda se puede ver a Felicitas junto a su hijo. En la sacristía, dos bustos representan a los padres de la joven.

EL MONUMENTO DE LOS LEONES ❻

Montes de Oca al 100, Barracas
• Colectivos: 4, 12, 29, 53, 60, 134, 154, 168
• Subte: línea C, estación Constitución / Ferrocarril Roca, estación Constitución

> *La historia insólita de un león comiéndose a una persona*

En una casona de Barracas, en Montes de Oca al 100, una curiosa estatua sobresale desde la piedra maciza: un león comiéndose a una persona. Esa fauna (hoy decorativa) tiene una historia insólita que alcanzó categoría de leyenda. Dicen que un millonario decidió que, en lugar de chihuahuas, tendría por mascotas feroces leones en su casa, lo que terminó por desatar una verdadera tragedia familiar.

Ubicada en la zona sur de la ciudad, la casa es una de esas mansiones un poco fantasmales y de estilo francés que se construían durante el siglo XIX. Pertenecía a Eustaquio Díaz Vélez, un potentado que, por su condición de tal, podía darse gustos de todo tipo, incluso algunos con severos destellos de excentricismo. Su padre había participado en la resistencia de las Invasiones Inglesas, pero él, hacia 1880, solo mostraba inquietud por los felinos; provenía, se cree, de una insensata pasión por los cuentos de la selva.

Lo cierto es que Eustaquio se hizo traer tres leones africanos que enjauló en el inmenso jardín, iniciativa que le trajo más de un problema con los invitados y hasta con su propia familia. Hubo una fiesta en el caserón: una de sus hijas se había comprometido. La velada tuvo más de cien invitados, entre parientes y amigos de los futuros cónyuges. Por un lado las mesas largas; por otro, las jaulas de los leones en la oscuridad del parque. Una de las jaulas había quedado mal cerrada y uno de los animales logró escapar.

La fábula pone acento en que, en el preciso momento de la entrega de anillos, el león salió de entre la maleza del enorme jardín y se lanzó encima del novio. El dueño de casa fue hasta su oficina, volvió con su escopeta y mató a la bestia. Pese a la instantánea reacción, el joven murió. Un mes después, la maldición continuó porque la hija de Díaz Vélez decidió suicidarse de tristeza. Don Eustaquio, entonces, no dudó en sacrificar a los tres animales; sin embargo, su indomable entusiasmo lo hizo encargar monumentos de leones para desparramar por su propiedad. Uno de ellos remeda la escena del ataque.

El dato siniestro: hoy funciona allí una asociación para la vivienda y el trabajo de los lisiados graves.

LA TORRE DEL FANTASMA ❼

Wenceslao Villafañe y Benito Pérez Galdós, La Boca
• Colectivos: 25, 29, 33, 64, 86, 129, 152

> *Pronto la dueña de casa empezó a notar cosas extrañas*

El barrio de La Boca tiene una esquina maldita que asoma sobre la avenida Almirante Brown al 800. Una vieja leyenda plagada de misterio envuelve a este edificio que parece un castillo medieval y en cuya torre, dicen, habita un fantasma. Se cuenta que una artista se suicidó arrojándose de allí hace ya muchos años y, desde entonces, su espíritu se pasea cada noche por la que fue su habitación y su atelier.

La historia se remonta a 1915, cuando una poderosa estanciera mandó construir en ese terreno su casa y decidió, para decorarla, traer muebles y plantas de su Cataluña natal. Parece que mezclados entre las flores llegaron unos duendes encantados que habrían sido los responsables de la desgracia.

Pronto la dueña de casa empezó a notar cosas extrañas: objetos que cambiaban de lugar o desaparecían insólitamente, cristales que se rompían sin explicación. La cuestión es que un buen día, a poco de haberse mudado allí, la mujer abandonó la casa sin decir nada a nadie. Con el tiempo el edificio se subdividió y se transformó en una vivienda colectiva de renta.

Entonces llegó Clementina, fascinada por la bohemia del barrio, y se instaló en el último piso de la torre. La maldición parecía haber quedado en el olvido. Todos admiraban el talento de esta joven artista, una mujer hermosa que irradiaba frescura y alegría. Por eso nadie supo explicar cómo una madrugada, la muchacha se arrojó al vacío, cuando estaba a punto de terminar un cuadro que sería la obra más importante de su vida.

Se cree que esa noche los duendes se enfurecieron porque una reportera que había ido al atelier a entrevistar a Clementina los fotografió sin darse cuenta. No es posible dar crédito a esta versión ya que nunca aparecieron ni la foto de aquel reportaje ni el famoso cuadro inconcluso. De todos modos la historia se propagó de boca en boca, y aun con las imprecisiones que la van deformando cada día, nadie se atreve a cuestionar, acaso para no ofender a los duendes, si es que existen, si es que todavía están ahí.

Durante muchos años, el departamento permaneció vacío. Luego, en la década del 90, lo alquiló una gente que se dedicaba al tarot y la quiromancia. Juraban que el lugar tenía una energía única. Hoy, el misterio sigue vivo y todavía los vecinos se sugestionan cuando algunas noches se escuchan ruidos, como pasos, que llegan desde la torre…

CENTRO

EL CONVENTILLO DE LA PALOMA ❶

Serrano 156 - Villa Crespo
- Subte: línea B, estación Malabia
- Colectivos 55, 109, 112 y metrobús

Es la casona desvencijada que está a mitad de cuadra, en Serrano al 156, Villa Crespo. Lejos de cualquier halo teatral, esta antigua propiedad funcionó desde siempre como inquilinato y, aunque cueste creerlo, es la que inspiró el sainete más famoso de la dramaturgia criolla: *El conventillo de* la Paloma.

> *La casona que inspiró el sainete más famoso de la dramaturgia criolla*

Fue construida a fines del 1800 (en pleno auge de las viviendas colectivas que proliferaron en Buenos Aires a la par de la ola inmigratoria europea) a pedido del dueño de una fábrica de zapatos que estaba a pocas cuadras de allí, con el objetivo de dar alojamiento a sus empleados, la mayoría italianos recién bajados del barco que venían solos a probar suerte en América. Se calcula que llegaron a vivir hasta cuatrocientos obreros al mismo tiempo. Repartidos en 112 habitaciones, una cocina y dos baños. Un cuadro animado y patético a la vez, que retrató para la posteridad Alberto Vacarezza con formato de pieza teatral.

El edificio sigue en pie, aunque en un estado preocupante de abandono. Con una superficie de 1900 metros cuadrados, el predio atraviesa la manzana de lado a lado y tiene salida a las dos calles. El ala que da a Thames fue modificada para uso comercial. Sobre Serrano, en cambio, todavía se conserva la construcción original. Incluso pueden verse las viejas cerámicas y baldosas

sobre los pasillos que caminaron los guapos de la época.

En 2004 una jueza ordenó el remate del "conventillo de la Paloma", con una base de 235 000 dólares. Pocos días después, un grupo de vecinos presentó un amparo que pudo frenar la venta del inmueble y logró que fuera declarado área de protección histórica. De ese modo se evitó su demolición.

Como hace un siglo, el lugar sigue siendo casa de alquiler, aunque bastante más reducida que en su tiempo de esplendor: sólo diecisiete piezas perduran.

¿Y LA PALOMA?

Hay distintas versiones sobre quién fue la mujer que alteró para siempre la vida de este conventillo. Algunos dirán que Paloma fue una empleada de la fábrica; otros, la hija del dueño; y las malas lenguas, que se trató de una prostituta que llegó una noche, allá por los años 20, decidió instalarse en el lugar y generó tal revuelo que agitó los corazones de todo el inquilinato.

LA ESQUINA DE LA PAZ

❷

Cruce Estado De Israel esquina Palestina, Almagro
• Subte: línea B, estación Medrano
• Colectivos: 39, 92, 106, 109, 127, 151, 160, 168

*Un pedido
de la Embajada de
Palestina
en Buenos Aires*

Debería ser declarada "esquina de la paz" o algo parecido. Estado de Israel y Palestina no es sólo la tradición de dos vecinos que se abominan sino también un cruce porteño del barrio de Almagro. Esta curiosidad, en rigor, no fue un hecho casual, ya que en los años 90 la Embajada de Palestina en Buenos Aires le hizo llegar un pedido formal al entonces Concejo Deliberante para que su país tuviera lugar en el trazado porteño.

Eso sí, dijo el diplomático Daher Hakel, embajador de ese país: "la única condición es que cruce la calle Estado de Israel". La intención clara era que se convirtiera en un símbolo. Eso finalmente sucedió en 1995, cuando un tramo de la calle Rawson tomó el nombre de Palestina. De esta manera, la esquina Estado de Israel y Palestina se transformó en un ejemplo que hoy sigue siendo único en el mundo.

Semejante antecedente no sólo sirvió para que allí se organizaran actos con el fin de pedir la paz en Medio Oriente, sino que la pacífica iniciativa inspiró un cortometraje hecho por el artista Sebastián Wilhem, con locución del Les Luthiers, Marcos Mundstock. En clave de ironía y absurdo, los diez minutos muestran, como no podía ser de otra manera, la guerra entre dos vecinos muy caracterizados.

En la ficción *Estado de Israel y Palestina* (el corto lleva el nombre del alegórico cruce) se cuenta la historia de gente que se odia, se ama, se golpea, se besa, baila, se separa, firma la paz y también se mata. Del mismo modo que ocurre en la realidad, donde los intérpretes son puestos por obra de alguien impreciso que los invita a aprender a convivir, muy a su pesar.

En su década de historia, la esquina de la paz también ha sufrido embates discriminatorios: los carteles que señalan el cruce de calles fueron dañados en varias oportunidades. Como la más absurda de las expresiones de intolerancia.

LA CALLE MÁS CORTA, LA AVENIDA MÁS ANCHA, LA MÁS LARGA Y OTROS MITOS

Santa Magdalena, en Barracas
Altura Osvaldo Cruz al 2300
• Colectivos: 12, 20, 45, 70 / Ferrocarril Roca, estación Yrigoyen
Emilio Pettoruti
Av Del Libertador 1200, Recoleta
• Colectivos: 17, 61, 62, 67, 92, 93,110, 124, 130

Se llama Santa Magdalena y es la calle más angosta de Buenos Aires. Está en Barracas y tiene poco más de medio metro de ancho.

Nace con más de un metro de ancho en Osvaldo Cruz, bajo el viaducto del ferrocarril Roca. Esta pegadita a la estación Hipólito Yrigoyen y es una calle muy especial cuya identificación cuelga de un cartel oxidado. Borges seguramente debe haber escrito sobre esta angostura disfrazada de travesía que puede recorrerse de forma ondulante y que se va volviendo cada vez más fina hasta convertirse en una miniatura catastral por donde no puede pasar cualquier tipo de auto.

Bien podría ser un pasaje que, por definición, es una callecita corta y angosta, pero no: es una calle debido a que Santa Magdalena da la posibilidad de que circulen vehículos (preferentemente autos, y de juguete). Lo curioso de esta calle es que se va angostando y casi que termina diluyéndose sin veredas, como si fuera un riguroso tratado sobre la perspectiva.

La calle Emilio Pettoruti, en homenaje al pintor argentino que encaró el cubismo como concepto y breviario de su pensamiento, es la más corta de la ciudad. Queda en el barrio de Recoleta y hace de conexión entre las avenidas Del Libertador y Presidente Figueroa Alcorta, dibujando su efímero recorrido junto al Palais de Glace.

Si "la Pettoruti", como le dicen sus vecinos, todavía no ingresó en el de los récords es sencillamente porque en Escocia está la Ebenezer Place, que fue señalada como la traza más corta del mundo con sólo dos metros de largo. Desde 2006 Ebenezer Place exhibe esta distinción logrando reemplazar a su competidora, la inglesa Elgin Street, que con cinco metros y monedas había alcanzado semejante peculiaridad. La calle más corta del mundo tiene una única dirección y es la puerta principal que forma parte del hotel Mackays.

Pero si de dimensiones hablamos, desmitifiquemos de una buena vez: Rivadavia no es la avenida más larga del mundo y ni siquiera es la más larga de Buenos Aires. La avenida Rivadavia anda por los 18,6 km en tanto que la General Paz supera, por poco, los 24 km.

LA EXAVENIDA MÁS ANCHA DEL MUNDO

Por más que a los porteños nos cueste reconocerlo, la Avenida 9 de Julio no es la más ancha del mundo. Lo fue, sí, pero eso ocurrió hace mucho tiempo, cuando se inauguró el primer tramo, hacia fines de 1937. Con la incorporación de plazoletas, canteros centrales, estacionamientos y ahora el metrobús, la anchura se fue perdiendo. Desde los 90, es la General Paz la avenida más ancha y también la más larga. Con colectoras a los costados, está casi considerada una autopista.

EL EDIFICIO DE LOS 70 BALCONES Y NINGUNA FLOR

❸

Av. Corrientes y Pueyrredón, Balvanera
• Subtes: línea B, estación Pueyrredón / línea H, estación Plaza Once
Ferrocarril Sarmiento, estación Once

> *Esos balcones, aún hoy, no tienen flores*

Construida en 1908 con varios pisos que rematan en una buhardilla, la edificación ubicada en el barrio de Balvanera, en la esquina de Corrientes y Pueyrredón, está protegida por su valor histórico: vecinos e historiadores urbanos coinciden en que sirvió para que Baldomero Fernández Moreno inspirara en ella su famoso poema "Setenta balcones y ninguna flor".

Decorado por figuras humanas, el edificio tiene seis pisos y un basamento en dos niveles. Lo corona una cúpula insoslayable. La historia romántica de Baldomero hace el resto.

Si no aman las plantas no amarán el ave,
no sabrán de música, de rimas, de amor.
Nunca se oirá un beso, jamás se oirá una clave...
¡Setenta balcones y ninguna flor!

Del poeta, que murió en 1950 y cultivó una lírica accesible y una técnica llana que se denominó "sencillismo", se dice que su rutina lo hacía pasar frecuentemente por este edificio de líneas duras y academicistas, construido por los arquitectos G. Mallet y J. Durant. El frente, de piedra París, no es el original, sino que fue restaurado en 2011 y por eso ya no luce tan tiznado por el hollín como en los tiempos en que Baldomero se mostraba tristemente arrobado por su fachada:

¿A sus habitantes, Señor, qué les pasa?
¿Odian el perfume, odian el color?
La piedra desnuda de tristeza agobia.
¡Dan una tristeza los negros balcones!

Otra versión indica que el poeta se quiso despegar de la leyenda diciendo que el edificio no fue ninguna fuente de inspiración y que, en realidad, él era un parroquiano más del bar que había en esa esquina, El Paulista, refugio atronador de la bohemia de Balvanera, que estaba abierto día y noche.

Pero si se investiga, peor: hay casi tantas leyendas como habitantes. Por caso, hay quienes apoyan la versión de que el edificio de los 70 balcones es el Femenil, en Rivadavia y Puán. Sin embargo, parece más cierta la versión de El Paulista, porque Baldomero vivía en Flores (¡simpática curiosidad!) y más de una vez tomaba el tren del Oeste para juntarse con los parroquianos de ese bar, donde también supo parar Gardel.

La nieta del poeta, Inés Fernández Moreno, dio su propia interpretación al decir que el edificio estaba sobre Alem, frente a lo que era el Jardín Japonés, en predios del ferrocarril. En fin, la historia romántica de Baldomero y el posterior mito urbano se confabulan alrededor de este particular realismo mágico.

EL OBSERVATORIO SAN JOSÉ

❹

Bartolomé Mitre 2455
• Visitas guiadas los viernes de 20 a 22hs
• Coordinar llamando al Tel.: 4951-0264 / 4303
• Cursos de astronomía, telescopios y sistema solar para todo público a partir de los 12 años

> *Puesto estratégico militar durante las revoluciones de 1880 y 1890*

Hay en el barrio de Once, una cúpula que todo lo ve. Un mirador oculto, en una torre que fue testigo y protagonista de la metamorfosis que sufrió Buenos Aires en el último siglo. Fue erigida en 1870, en el centro de la manzana que comprende el colegio San José y la iglesia Nuestra Señora de Balvanera.

En aquel tiempo no se concebía edificación de importancia que no tuviera un mirador en las alturas. Y este se convirtió en el más portentoso de todos, con una base de 6 metros por 5 y una altura de 5 pisos (unos 25 metros), excepcional para esa época, rematada en una cresta almenada imitando una atalaya medieval.

Su vista privilegiada hizo que las tropas militares usaran la torre como puesto estratégico de vigilancia en las revoluciones de 1880 y 1890. Pero fue, además, el primer observatorio astronómico que tuvo la ciudad, cuya actividad se mantuvo ininterrumpidamente hasta la década del 70.

Después el lugar fue cerrado y cayó en estado de abandono hasta que un día, en 1981, un grupo de profesores y alumnos del colegio San José decidió subir hasta la buhardilla. En el montón de trastos viejos, encontraron, para el asombro y la fascinación de todos, un antiquísimo telescopio astrográfico hecho de bronce, y de origen francés, marca Mailhat.

El instrumento fue totalmente reacondicionado (el sistema original de relojería a pesas fue reemplazado por un motor sincrónico eléctrico) y un año más tarde volvió a estar operable. Para entonces también estaba recuperado el espacio, y se decidió abrirlo a la comunidad y sumarlo como observatorio *amateur*. Hoy el telescopio rescatado del olvido está a punto de cumplir cien años y es la estrella de la torre junto con la cúpula giratoria.

Llegar hasta ahí implica atravesar primero los pasillos de un edificio que tiene 150 años de historia. Una vez en el corazón de la manzana empieza el tramo final del recorrido, el más empinado. El acceso es sólo por escalera, una escalera angosta que (hay que decirlo) equivale a unos diez pisos. La agitación se modera sólo si uno la transita sin apuro y observa a cada paso los rostros de los principales referentes de la historia astronómica que decoran la pared en lo alto. Ptolomeo, Copérnico y Kepler acompañan en silencio, hasta que con el último aliento se alcanza por fin el mirador.

BAÑO DE LA PERLA DE ONCE

5

Av. Rivadavia esq. Jujuy
• Subtes: línea A, estación Plaza Miserere / línea H, estación Plaza Once

En el baño "había una acústica inigualable"

«Estoy muy solo y triste en este mundo de mierda». Con esta frase Tanguito empezó a escribir *La balsa* y, con ella, la historia del rock nacional. Después Litto Nebbia modificó el comienzo ("en este mundo abandonado") y su grupo, Los Gatos, vendió 250.000 copias.

La piedra angular de una historia que ya tiene casi medio siglo se garabateó en un baño, sí. Más precisamente, en el baño de La Perla del Once, confitería-museo que exhibe una placa recordatoria en el "Caballeros". Nebbia contó que La Perla (ubicada en la esquina de Rivadavia y Jujuy), siempre fue silenciosa, como una biblioteca pública. Es que a fines de los 60 muchos jóvenes elegían este bar para juntarse a estudiar porque se caracterizaba por estar abierto toda la noche.

En una de esas veladas, Tanguito le pidió a Litto que lo ayudara con una canción. Tanguito tenía una ligera idea del inicio pero, según Nebbia, "no sabía cómo seguirla". Lo cierto es que juntos se fueron al baño porque en el salón no permitían sacar la guitarra y porque, al decir de Javier Martínez (patriarca del grupo Manal), en el baño "había una acústica inigualable".

Y ahí, entonces, en el baño, Tanguito saca su criolla y balbucea: "Estoy muy solo y triste…". Después, según la leyenda, Nebbia agarró la guitarra y completó la letra de *La balsa* tal como se la conoce. Lo que sigue ya es la historia del *rock*.

El lugar, que también aparece en la canción *Los salieris de Charly* de León Gieco, fue declarado Sitio de Interés Cultural de la Ciudad en 1994. En los años 20, un lozano Jorge Luis Borges se reunía allí para escuchar las disertaciones de Macedonio Fernández, quien organizaba unas tertulias filo-metafísicas. Más de una vez, Borges dijo que esas reuniones de sábado le servían para justificar el resto de la semana.

En 2007, al cumplirse 40 años de *La balsa*, Nebbia y Ciro Fogliatta (ex Los Gatos) colocaron otra placa en la mítica esquina frente a Plaza Once. Después de una remodelación total, La Perla, parte indeleble de nuestro patrimonio cultural, vuelve a brillar hoy con espectáculos donde actúan los que hicieron escuela.

EL ÚLTIMO "RASCAPIES"

6

Escuela Esteban de Luca
Alsina 2499 (Balvanera)
• Subtes: línea A, estación Alberti / línea H, estación Venezuela
• Colectivos: 2, 5, 103, 115, 132.

O tra rareza que conserva Buenos Aires, desde la época en que las calles de la ciudad eran de tierra y los zapatos un lujo que había que lustrar con esmero: los "rascapies". No se trata de un edificio en miniatura y a decir verdad tampoco es su denominación correcta; así llamaban los chicos a este accesorio ubicado en los zócalos de las escuelas –también los había en oficinas públicas e iglesias– donde cada alumno debía hacer escala obligada para sacarse el barro antes de entrar.

Una reliquia urbana que sobrevive desde que las calles porteñas eran de tierra

La escuela Esteban de Luca, en Adolfo Alsina y Alberti, en Balvanera, todavía conserva uno al pie de su fachada. El establecimiento data de 1882 y fue el lugar donde se realizó el Congreso Pedagógico que dio origen a la ley de educación laica, gratuita y obligatoria que rige desde 1884 en nuestro país.

El adminículo resistió las varias remodelaciones que tuvo el edificio en sus 130 años de historia. Es apenas un trozo de metal atravesado en un hueco sobre la vereda y ubicado al lado de la puerta de entrada. Y a decir verdad, se parece más a una ratonera de esas que aparecen en los dibujos animados que a una reliquia urbana. Hoy, tapado por innumerables capas de pintura, pasa completamente inadvertido.

EL PRIMER RASCACIELOS

Galería Güemes
Florida 165 / San Martín 170
• Subtes: línea E, estación Bolívar / línea D, estación Catedral / línea A, estaciones Piedras y Plaza de Mayo
• Colectivos: 17, 22, 29, 130, 152
• Abierta al público de lunes a viernes de 8 a 20hs y sábados de 8 a 13hs

Pocos saben que el imponente edificio de estilo *art nouveau* que se alza en la peatonal Florida al 100, en el microcentro porteño, fue el primer rascacielos de la ciudad. Más conocida como Galería Güemes, esta construcción de principios del siglo pasado fue una revolución en su época: 80 metros de alto y una estructura despampanante hecha de hormigón armado, con salida al otro lado de la calle y un pasaje peatonal interior que atraviesa la manzana. El proyecto superaba largamente los límites de altura permitidos en el Código de Edificación de aquella Buenos Aires del 1900 y tuvo que someterse a consideración de las autoridades, que finalmente aprobaron los planos al entender que se trataba de "un exponente del adelanto arquitectónico del municipio".

LA VELETA DE CABALLITO

Plaza Caballito
Rojas 130 (y las vías)
• Ferrocarril Sarmiento, estación Caballito
• Subte: línea A, estación Primera Junta

La imagen que dio nombre al barrio

Una pequeña figura de hierro que hoy se encuentra perdida en una plazoleta fue la que dio nombre al barrio porteño de Caballito. Originalmente se encontraba en la terraza de una pulpería ubicada a pocas cuadras de ahí, pero la modernidad, las sucesivas mudanzas y el paso del tiempo hicieron que muy pocos supieran el destino del ícono de lata.

En 1821, un inmigrante genovés llamado Nicolás Vila compró la manzana comprendida entre las calles Juan Bautista Alberdi, Rivadavia, Emilio Mitre y Víctor Martínez. Allí levantó una casa de cuatro ambientes, uno de ellos reservado a la pulpería, tal como se le decía a los bares en esos tiempos.

En las alturas del local, don Nicola –así lo llamaban– puso un mástil de navío rematado con la figura de un caballo. El frente del negocio daba al Camino Real, lo que actualmente es la avenida Rivadavia, y la pulpería –bien ubicada como estaba en un lugar geográfico y estratégico– no tardó en hacerse famosa como "la pulpería del caballito". Muy pronto el comercio del italiano se convirtió en referencia ineludible, tanto que hacia 1858 a la estación del Ferrocarril del Oeste se la llamó "Caballito", nombre que atravesó los siglos y las arbitrariedades inmobiliarias.

A don Nicola lo mataron en un intento de robo, y fue un hijo quien continuó con su legado comercial hasta que la esquina fue loteada. ¿Y el caballito? Hubo una réplica en la plaza Primera Junta, obra que fue encargada por el Club de Leones de la zona y de la que queda una chapa recordatoria. Pero desde 2009 el pequeño símbolo está en un renovado espacio verde pegado a las vías: la Plaza Caballito.

La veleta original se encuentra fuera de la ciudad, en el Museo Colonial e Histórico de Luján.

EL MURAL DE CASTAGNINO EN LA GALERÍA PARÍS

8

Av. Rivadavia 4975
• Subte: línea A, estación Acoyte

Una obra de arte escondida en un techo abovedado

Está prácticamente escondido. Para descubrirlo hay que llevar la cabeza hacia arriba y observar el fresco del techo de la Galería París. El mural se llama *Hombre, espacio, esperanza* y lo firma el artista plástico Juan Carlos Castagnino (ver abajo).

Se trata de una pintura al óleo de 5,5 por 6 metros que fue realizada a fines de 1959. Las imágenes, en dorados, ocres, blancos, celestes y naranjas, dan una sensación de energía y autodeterminación. Si la tortícolis no apremia, podrá observarse que en el centro de la escena hay dos figuras en movimiento, una de blanco y otra realizada en colores ámbar. La de blanco va camino a la esperanza. La otra, en busca del espacio. También puede verse que el hombre de blanco levanta a un niño que trata de acariciar palomas, en obvia alusión a la paz.

El mural está pintado sobre un plano inclinado y abovedado. Para ese trabajo, el artista contó con la colaboración de otros colegas: Jesús Marcos, Enrique Aguirrezabala, Alfredo Bonet y Martín Díaz. En 2007 las tareas de reparación estuvieron a cargo de la conocida restauradora Isabel Contreras. Fue declarado Bien Cultural de la Ciudad.

CASTAGNINO, UN "PINTOR SOCIAL"

Castagnino (1908-1972) fue uno de los más encumbrados artistas argentinos y él mismo se consideraba un "pintor social" preocupado por los problemas de su gente. Hijo de un herrero, se formó con Lino Enea Spilimbergo y después supo trabajar junto al mexicano David Siqueiros, a Antonio Berni y al mismo Spilimbergo en un famoso mural para el empresario periodístico Natalio Botana (un mural que se recuperó y puede verse en el Museo del Bicentenario).

Otra de sus obras, *La vida doméstica*, puede apreciarse en Galerías Pacífico: imágenes vinculadas con la fortaleza, el júbilo, la grandeza y la dicha, en un fresco que ocupa parte de la cúpula central.

Apenas un poco alejado de la Capital, el mural *Mujer trabajando* se encuentra en la Biblioteca Popular "Veladas de estudio después del trabajo" de Avellaneda (Entre Ríos 731), pintado en 1934 a modo de agradecimiento a un grupo de anarquistas que lo alojó en ese lugar en tiempos de persecución política.

EL ÚLTIMO TRANVÍA ⑨

Emilio Mitre 500 (esquina José Bonifacio)
• Subte: línea E, estación Emilio Mitre
• Paseos gratuitos sábados, domingos y feriados. Salidas cada 20 minutos

> *Un recorrido que se extiende por apenas 15 cuadras*

Dirán que fue el 19 de febrero de 1963 el último viaje en tranvía que se hizo en la ciudad, y en un punto el dato es cierto aunque técnicamente incorrecto: existe todavía un vericueto, un ínfimo y secreto tramo de vías sobre el asfalto donde aún pasa, de tanto en tanto, un viejo *tramway*. (No se debe confundir al auténtico tranvía –aquel coche montado sobre rieles en plena calle– con esa especie de subte amarillo que hoy atraviesa Puerto Madero).

En la esquina de Emilio Mitre y José Bonifacio queda la única parada, algo así como el punto de acceso a un túnel del tiempo que se pone en funcionamiento todos los fines de semana y también los días feriados. La iniciativa fue impulsada por un grupo de fanáticos, autodenominados Asociación Amigos del Tranvía, que encontró la manera de que su medio de transporte favorito siga vivo en un rinconcito de Buenos Aires. Para eso, sacaron a la calle su "flota de colección", hecha de los convoyes originales, que fueron recuperados y puestos operativos: El "Lacroze", el "Anglo", hechos de roble, con tulipas de iluminación y vidrios biselados en las ventanillas; el "Bruselas", un rectángulo chato, metálico color té con leche, con puertas tijeras y asientos de cuero. Un verdadero museo en movimiento.

El recorrido se extiende por apenas 15 cuadras y abarca una porción del barrio de Caballito comprendida por las calles Emilio Mitre, Rivadavia, Hortiguera y Directorio. Acaso haya que subirse y sentir el traqueteo; cerrar los ojos y remontarse a la Buenos Aires de fines del siglo XIX para entender el vértigo que pudo suponer la aparición del tranvía eléctrico y sus veloces 30 kilómetros por hora. Para la época, eso era volar.

Durante casi un siglo, fue el transporte público por excelencia. Luego, con la aparición de los colectivos, los autos particulares y los taxis, el viejo y querido tranvía empezó su ocaso. Pero como los verdaderos amigos se ven en las malas, allí se organizó este grupo de aficionados (AAT), recuperaron los viejos coches y los restauraron ellos mismos. Cada fin de semana se calzan la gorra de guarda y reparten boletos gratis a todo el que acepte la invitación a un paseo singular, sin dudas histórico.

ESCULTURA DE LA CARA DE UN PAYASO ❿

Av. Boedo 875
• Colectivos: 7, 23, 56, 75, 86, 91, 115, 126, 160, 181, 195
• Subte: línea E, estación Boedo

Recuerdo de una exzona de cines

En lo alto de la Avenida Boedo 875, puede distinguirse una sorprendente moldura con la cara de un payaso tallada sobre el material. "Aquí vivió Fofó", se llegó a decir sobre uno de los integrantes del trío de célebres payasos españoles Gaby, Fofó y Miliki.

Otros aseguran que en realidad era la efigie de Pepino el 88, legendario cómico del Río de la Plata del 1900.

¿El payaso se ríe o llora? fue otro de los debates entre vecinos en pantuflas, cuestión que nadie nunca supo explicar.

La calle Boedo supo ser una zona de cines: estaba el cine teatro Boedo, exactamente en el 949 de esa calle y también el cine Mitre –luego conocido como Moderno– así como, al 777, la sala Los Andes. En la cuadra siguiente abría de par en par El Alegría (Boedo 875) que, años más tarde, pasaría a llamarse Select Boedo. De esa época, comienzos del siglo XX, la figura decorativa que resistió el paso de los años parece estar allí para fijar testimonio de una épica.

Es curioso imaginar que esa zona de Buenos Aires, un barrio cercano al centro con marcada traza suburbana, haya sido un polo de diversión donde llegó a haber seis salas que le peleaban el tránsito y el público a la calle Corrientes.

En El Alegría, así como en las otras salas del "complejo Boedo", el cine hacía sus primeras armas y en 1920 funcionaba "en continuado" o con el acostumbrado "Día de Damas", donde las mujeres no pagaban su entrada. Eran cines que daban la posibilidad de sacar el *ticket* pudiendo conseguir entradas para toda la tarde o para una película sola. Se cuenta que, según la modalidad, una vez finalizada la película, un acomodador recorría las filas controlando el pase o vendiéndole otro. En los intervalos, los hombres se iban al *hall* de entrada o a la calle a fumar un cigarrillo y, como ocurre hoy en las fatigadas discotecas, les entregaban una contraseña para poder volver a ingresar.

Boedo, igual que casi todos los barrios de la ciudad, se quedó sin cine local. El último bastión le puso el pecho a la poca demanda hasta 1992, cuando fue reemplazado por un templo evangelista.

EL PASEO DE LAS ESCULTURAS ⓫

Av. San Juan y Boedo
• Subte: línea E, estación Boedo

*Una
exposición de arte
a la intemperie*

Dispersas sobre las veredas, entre los comercios, casi como ruinas. Así se presentan las obras del Paseo de las Esculturas, iniciativa de la Junta de Estudios Históricos de la zona, que en 2004 empezó a gestar un proyecto de barrio maestro. Son una decena de piezas, ahora expuestas a la intemperie, que se abren paso a lo largo de cuatro cuadras, sobre la avenida Boedo, entre Independencia y San Juan.

Al 853, por ejemplo, está la *Cholita*, una figura hecha en un material parecido al granito con la imagen de una típica pobladora del norte argentino. La donó Francisco Reyes –español nativo, porteño por adopción– que llegó a nuestro país a los 12 años, conoció el barrio de Boedo y se sumó como miembro activo a un movimiento cultural de los suburbios.

Si la referencia ineludible de Boedo es la esquina Homero Manzi, la línea escultórica, disimulada entre los comercios, casi nunca logra captar la atención debido al circuito tanguero que se impone. Pero lo que no muchos saben es que el barrio fue, en los años 30, una colonia de artistas plásticos. Parte de sus obras fueron donadas y ahora están ahí, como contrapeso, como opuesto estético y disonante a las vidrieras llenas de electrodomésticos.

Exactamente al 943 hay un trabajo llamado *Reposo*, del ruso Estephan Erzia. Se sabe que Erzia llegó en 1927 para montar una exposición, pero se quedó veinte años. Justo enfrente está *Testimonio*, alegato a cargo de otro vecino, el escultor Alberto Balietti, que homenajea a los centenares de jóvenes caídos en Malvinas. Un poco más allá se reivindica la épica ciudadana con *Tango íntimo*, de Leo Vinci, poco que ver con Leonardo y mucho con la sensualidad de dos bailarines entrelazados por cortes y quebradas.

Una de las obras más llamativas es, sin dudas, *Interiores*. Pudiendo tranquilamente remitir a la película de Woody Allen, en verdad invita a espiar un Boedo distinto a través de la rendija que se abre en el centro. Quién sabe y sea la puerta de regreso al lugar donde Osvaldo Pugliese se tomó su último café.

CENTRO OESTE

BAUNESS ESQUINA BAUNESS ❶

Bauness 1700, Parque Chas
• Subte: línea B, estación Incas

> *La calle tuerce su recorrido, aunque por capricho conserva su nombre*

Solo quienes hayan visitado alguna vez Parque Chas podrán entender tan insólita coincidencia. Una calle cruzándose a sí misma, en una exaltación de singularidad, un regodeo laberíntico, casi una broma.

El fenómeno es por lo menos curioso y apenas una muestra de lo intrincado que puede resultar un paseo por el barrio: calles circulares, esquinas gemelas, recorridos que terminan siempre en el mismo lugar. Ahí, en medio de esa maraña urbanística aparece Bauness, presumida y fantasmal.

Aquel que la transite será testigo de cómo repentinamente (a la altura del 1700) la calle tuerce su recorrido, aunque por capricho decide conservar su nombre, y es entonces que aparece el desconcierto, justo en la esquina de Bauness… y Bauness.

A sólo cuatrocientos metros de allí, la vía nos tiende otra trampa. Si uno no presta suficiente atención podrá creer que atraviesa un mismo cruce de calles (Bauness y Victorica) en dos esquinas distintas. Es sólo un espejismo; es que de pronto el pasaje encuentra un punto de fuga y sin avisar, desaparece.

Berlín en cambio tiene la particularidad de no terminar nunca. Intentar abarcarla puede convertirse en una experiencia alucinatoria. Pero eso, ya es

otro secreto de los tantos que esconde Parque Chas.

Hay diversas teorías acerca del extraño diseño de este barrio porteño. Algunos adjudican el primer trazado al ingeniero Julio Dormal, uno de los arquitectos fundamentales de la Buenos Aires del siglo XIX. Aquel proyecto buscaba tomar distancia de la cuadrícula habitual utilizada en la planificación urbanística y proponía un dibujo radiocéntrico de vanguardia. Al parecer su plan fue desechado en un primer momento, pero años después reivindicado y puesto en práctica por sus colegas Armando Frehner y Adolfo Guerrico, que lograron convertir esas veinticinco manzanas en una verdadera ciudad jardín.

LOS SENDEROS QUE SE BIFURCAN

El encanto de Parque Chas inspiró miles de historias y leyendas que agigantaron la mística de este barrio con forma de telaraña. Dicen que tan embrollado es, que hasta los propios vecinos se pierden en su laberinto. Que los visitantes llegan con brújula y aun así hay reportes de gente que nunca logró salir. El Negro Dolina observa en sus *Crónicas del ángel gris*: "Los taxistas afirman que ningún camino conduce a la esquina de Ávalos y Cádiz y que por lo tanto es imposible llegar a ese lugar. En realidad, conviene no acercarse nunca a Parque Chas".

Ni el mismísimo Borges quiso meterse con el barrio. Apenas una mención, en *Evaristo Carriego*, parece aludir a la peculiar forma de transcurrir el tiempo en ese lugar. Se dice que Borges vio nacer al barrio, allá en los años veinte, pero que muy cerca de ahí, en Villa Urquiza, tuvo un gran amor contrariado, Concepción Guerrero, y prometió ya no volver a pisar aquellos parajes ni escribir sobre ellos. O acaso sea *El jardín de los senderos que se bifurcan* un homenaje a Parque Chas.

DECLARACIÓN 242/2012

RASE DE INTERÉS CULTURAL DE LA
AD AUTÓNOMA DE BUENOS AIRES
ACTIVIDADES QUE SE REALIZAN
EL BAR-MUSEO-ESCUELA SIMIK
SITO EN LA ESQUINA DE
EDERICO LACROZE Y FRAGA.

CRISTIAN RITONDO
ARLOS SERAFIN PEREZ

enos Aires, 28 de junio de 2012.

MUSEO FOTOGRÁFICO SIMIK

❷

Av. Federico Lacroze 3901
• Abierto de lunes a sábado, de 8 a 24hs

En un local de Chacarita, funciona desde 2002 el café museo fotográfico Simik. Que sea un bar sirve como excusa para visitar y recorrer la enorme colección de cámaras antiguas y fotos que guarda en sus vitrinas. Uno de los principales objetivos

*Un museo
en un café*

es la transmisión pedagógica, sensorial y técnica de la fotografía, además de mostrar la evolución de las cámaras fotográficas desde sus inicios.

El museo fue creado por Alejandro Simik, un fotógrafo publicitario y coleccionista de viejas máquinas. "A mediados de la década del 90 me regalaron mi primera cámara de fuelle Kodak de los años 30. Como todo fotógrafo comencé a experimentar con ella". Sin saberlo, contó, ese fue el inicio de una carrera por la preservación y la documentación. En el catálogo figuran cámaras de espionaje, Polaroids *vintage* y hasta un largavistas que toma fotografías.

Hay vitrinas donde no solo se exhiben indiscretos aparatos sino tomas que fueron realizadas por profesionales y aficionados del siglo XIX en adelante. En total son 600 cámaras en exposición. Casi sin proponérselo, Simik logró convertir una esquina de Chacarita en patrimonio fotográfico de la ciudad y promotor de todo tipo de actividades artísticas que pueden realizarse usando la cámara. Como dijo Simik, "nos sentimos un nexo entre el mundo de la fotografía y la comunidad".

Hay una lista interminable de agradecimientos de gente, fotógrafos casi todos, que han donado sus cámaras y equipos. Pese a tener reconocimiento del Gobierno porteño, cada cámara, cada foto y cada restauración del material se paga con dinero proveniente del museo-bar.

Buenos Aires no tiene ningún otro museo de estas características. Para saber sobre la historia del club de fotógrafos con cámaras antiguas o conocer la documentación audiovisual no es necesario pagar una entrada ni tomarse un café. "Pero si alguien gusta consumir algo –explican los organizadores–, será bien atendido, abonará precios corrientes y se le agradecerá su colaboración con este proyecto".

EL FANTASMA DEL "PALACIO DE LOS BICHOS" ❸

Campana 3220, Villa del Parque.
• Ferrocarril San Martín, estación Villa del Parque. Colectivos: 24, 47, 84, 134

> *Unos novios fueron arrollados por el tren en su noche de bodas*

Un castillo, las vías del tren y una leyenda aterradora. El majestuoso "palacio de los bichos", que se recorta en la esquina de Tinogasta y Campana, pareció maldito desde el principio. Villa del Parque ni siquiera tenía estatus de barrio, era más bien una zona de quintas, cuando a fines del siglo XIX una familia aristocrática, los Giordano, llegaron desde Italia para afincarse en la Argentina.

Pero la historia trágica empieza a escribirse unos años después, cuando Lucía, la hija del matrimonio, decide casarse con su prometido. Como regalo de bodas, los padres de la chica mandan construir una residencia con todos los lujos y caprichos de la época.

El ingeniero Muñoz González diseñó una mansión de cinco pisos, con torreón y cúpula, grandes salones y una docena de habitaciones. El toque que la distinguió fue una serie de figuras de animales monstruosos en las paredes exteriores y las gárgolas, que terminaron por convertirlo en "el palacio de los bichos" para los vecinos.

La obra se terminó justo antes del casamiento y allí se hizo la gran fiesta de bodas, la noche del 1º de abril de 1911, con toda la alta sociedad porteña como invitada. Poco antes del amanecer los novios abandonaron la reunión. Un carruaje los esperaba del otro lado de las vías para llevarlos directo a su luna de miel. Los invitados salieron a los balcones del palacio para despedir a la pareja que ya se encaminaba al coche cuando ocurrió la desgracia: un tren los arrolló y los dos murieron en el acto.

Los Giordano no pudieron superar la pérdida. Clausuraron el palacio para siempre y se volvieron a Italia. Al cumplirse el primer aniversario de la tragedia un extraño episodio dio origen a la leyenda: los vecinos empezaron a sentir extraños ruidos que venían de la casa, se encendían las luces y hasta se escuchaba música, incluso gritos y lamentos. Desde entonces, la vivienda pareció cobrar vida.

En la década del 90, el edificio fue reciclado. Se quitaron las molduras del frente, se subdividió el espacio en departamentos y la planta baja se habilitó como local comercial. Desde 1996 allí funciona un spa; más de una vez los clientes preguntan por la historia desgraciada de la parejita de recién casados, pero nadie parece estar dispuesto a recrear el drama, como si de esa manera pudieran despertar a los fantasmas que –se cree– aún habitan la casa.

LA RAYUELA DEL PUENTE SAN MARTÍN ❹

Av. San Martín 3500
• Colectivos: 24, 57, 105, 113, 133, 146

> *Una escalinata a ninguna parte en homenaje a Cortázar*

Al pie del puente que cruza el barrio de La Paternal hay un olvidado homenaje a Julio Cortázar: una rayuela, hecha de cemento sin ninguna identificación, emerge del asfalto sobre un costado y evoca a la gran novela del autor. Cuesta reconocer en ese puñado de adoquines un monumento; más que un guiño para entendidos, una escalinata a ninguna parte.

Cortázar vivió mucho tiempo justo del otro lado del puente, en una casa de la calle Artigas, donde se mudó con su madre María Herminia Descotte y su hermana Memé, a fines de los años 20. Allí volvió cada fin de semana, y todos los veranos entre los años 1934 y 1951, mientras daba clases en Bolívar y Chivilcoy. El barrio de su adolescencia y de parte de su juventud aparecería más tarde en varios de sus relatos.

«Todos me decían, por ejemplo, que el puente de la Avenida San Martín era sólo eso, un puente. A mí sin embargo, me parecía el camino adecuado a la sobriedad y la belleza". Del cuento "Ómnibus" (*Bestiario*).

El creador de *Historias de cronopios y de famas* tuvo un reconocimiento tardío en su propio vecindario. En 1994, al cumplirse diez años de su muerte, el Gobierno de la Ciudad –en una repentina fiebre cortazariana que se extendió por diez cuadras a la redonda– puso su nombre a una calle, cerca de la facultad de Agronomía; rebautizó el puente de la avenida San Martín que pasó a llamarse Julio Cortázar y construyó en uno de sus extremos una rayuela a modo de homenaje. A falta de una placa que lo identifique –la que habían colocado de bronce se la robaron hace tiempo–, este bloque de cemento incógnito que simula una rayuela, se ha vuelto un secreto que ya casi nadie visita. Ni siquiera para jugar.

ALREDEDORES

LA CASA DE LA CALLE ARTIGAS
• Visitable en ocasiones si se pide conocer el interior con amabilidad
Artigas 3246, tercer piso, departamento siete. Ese fue el hogar de los Cortázar por más de cincuenta años. Hasta 1978, cuando la madre del escritor decidió poner la casa en venta. La nueva dueña aún conserva una reliquia invalorable: la antigua biblioteca de madera, con puertas de vidrio que perteneció a Julio Cortázar y que la familia decidió dejar allí por falta de espacio. Aunque se trata de una propiedad privada, en ocasiones (ver encima), Nelly abre las puertas de su casa y permite a los interesados tomar alguna foto.

EL MONUMENTO A PAPPO ⑤

Plaza Roque Sáenz Peña
Juan B. Justo al 4900
• Colectivos: 34, 44, 47, 110, 166

> ### *En el lugar están depositadas sus cenizas*

H ay momentos en que el sol lo atraviesa y se le descompone el color como si fuera un vitral. El monumento de Pappo fue una donación que hicieron los amigos del guitarrista que murió en febrero de 2005. Participaron desde Guillermo Vilas y el empresario Jorge «Corcho» Rodríguez, que produjo el último disco de Pappo, hasta el abogado mediático Fernando Burlando y músicos como Botafogo, Andrés Calamaro o los integrantes de grupos como La Renga, Almafuerte y Divididos.

La iniciativa fue de un legislador peronista que justificó su decisión fundamentando que «Pappo y su obra han sido un exponente de máxima relevancia en nuestra música y el aporte que el guitarrista realizó a la cultura argentina lo hace sobradamente merecedor de tal homenaje y la aprobación del proyecto de ley en la Legislatura será un reconocimiento de la Ciudad a este gran músico y excelente ser humano».

El monumento a Pappo está en la plaza Roque Sáenz Peña, ubicada entre Remedios de Escalada, Andrés Lamas y las avenidas Boyacá y Juan B. Justo. Se eligió ese lugar porque Norberto "Pappo" Napolitano fue un conspicuo vecino de La Paternal, además de un gran guitarrista y emblema del *rock* nacional desde grupos como Pappo's Blues y Riff. La obra es de la artista plástica Virginia Caramel, quien tituló la faena metálica como *Ausencia y presencia*. El mausoleo tuvo dos inauguraciones: una corrió por cuenta de Liliana, la hermana del músico (10 de junio de 2007). Dos días después se hizo la de Luciano, el hijo. Una enemistad familiar motivó las dos promociones que, después de todo, no modificaron las intenciones de agasajar al guitarrista que también supo tocar con B.B. King.

Desde entonces, para muchos, esa es "la plaza de Pappo", mientras que algunos vecinos siguen luchando para que la huella *rockera* no pase por encima el apellido de Sáenz Peña, quien no tocaba la guitarra pero fue el primero en imponer el voto universal, secreto y obligatorio.

En el lugar están depositadas las cenizas del músico que murió en un accidente de tránsito cuando se cayó de su moto y fue atropellado por un automovilista en la Ruta 5, llegando a la localidad de Jáuregui, partido de Luján.

LA PAGODA DABOTAP ❻

Plaza República de Corea
Av. Avellaneda y Calcena, Flores
• Subte: línea A, estación Carabobo
• Colectivos: 44, 76, 84, 92, 99, 113, 132

Fue trasladada en barco desde Seúl

No se trata de la auténtica pagoda Dabotap, la del Templo de Bulguksa, construida en el año 751 y declarada Tesoro Nacional de Corea; aunque se le parece mucho. En realidad, la pagoda de la llamada Plaza República de Corea, en Avellaneda y Calcena, barrio de Flores, es una réplica que llegó desde Corea el 11 de febrero de 2012 a modo de obsequio, con motivo de los festejos del Bicentenario de la Argentina. Y en coincidencia con el 50 aniversario del inicio de relaciones diplomáticas entre ambos países.

Caracterizado por su belleza arquitectónica, el monumento tiene cuatro escaleras a cada lado sobre las que yace un león de piedra. La estructura (de seis metros de alto) se encuentra montada en ocho pilares. Pesa 20 toneladas y

soporta una flor de loto de 16 pétalos, que representa la abundancia, la pureza y la generosidad.

Durante mucho tiempo este espacio verde fue reconocido en el barrio como Plaza del Ángel Gris (en homenaje al escritor Alejandro Dolina, vecino ilustre del lugar), pero cuando llegó la pagoda, pasó a llamarse República de Corea, lo que disgustó a los habitantes del vecindario que tomaron la iniciativa como un "arrebato a la identidad barrial". Finalmente, la plaza fue rebautizada de todos modos, priorizando la donación del Gobierno coreano y la fraternidad entre ambos países.

La explicación de tal empeño por parte de las autoridades porteñas en la elección de ese lugar y no otro, es que en esa zona se concentra la mayor parte de la comunidad coreana de la ciudad. La obra, edificada durante la dinastía Silla (siglo VII), fue trasladada en barco y con honores, desde Seúl. Las autoridades coreanas pretendían su ubicación en las inmediaciones de la avenida del Libertador, pedido que se complicó porque la instalación de monumentos porteños requiere el voto de la mayoría absoluta de los miembros de la Legislatura, cosa que no fue posible. Por otra parte, en ese momento, se argumentó que casi todos los regalos escultóricos que llegaron al país –a raíz de los festejos del Bicentenario– habían sido emplazados en el norte de la ciudad. En este caso, dicen, se buscó favorecer la zona sur, específicamente la comuna 7 que comprende los barrios de Flores y Parque Chacabuco.

EL PATIO DE LOS LECHEROS

7

Av. Donato Álvarez y Bacacay
• Subte: línea A, estación Carabobo
• Fiesta de Colectividades el primer domingo de cada mes

> *Los sulkys cargaban la leche que repartían en botellas, casa por casa*

El barrio de Caballito conserva intacto un rincón que guarda testimonio de la época en que la leche se repartía en carros tirados a caballo y llegaba en botellas a la puerta de cada casa. Ese playón enorme, pegado a las vías del ferrocarril Sarmiento, con entrada por la esquina de Donato Álvarez y Bacacay, era el lugar donde se descargaban los toneles venidos en tren desde los tambos del interior del país para abastecer a toda la ciudad. Por eso lo llamaban "el patio de los lecheros".

El predio, de 5000 metros cuadrados, mantiene la estructura de principios del siglo pasado, con dos grandes paredones de ladrillos a la vista a cada lado que desembocan en el andén, tres portales de acceso y el adoquinado original. Hasta 1961 funcionó a pleno, pero ese año se prohibió la venta de leche sin proceso de pasteurizado y el patio debió cerrar. Pronto cayó en el abandono y fue intrusado.

Los vecinos se movilizaron para recuperar el espacio y transformarlo en algo útil para la comunidad. Presentaron proyectos, juntaron firmas. Finalmente, en 1998, las autoridades decidieron su puesta en valor. El terreno, hasta entonces perteneciente al Estado Nacional, fue cedido al ámbito porteño, se declaró por ley Área de Protección Histórica y se dispuso su inmediata restauración.

Ahora, convertido en un centro cultural al aire libre, el viejo patio de los lecheros organiza el primer domingo de cada mes, durante todo el año, una fiesta popular de Colectividades, que reúne baile, artesanías, música y comidas típicas de las distintas comunidades extranjeras que viven en el país.

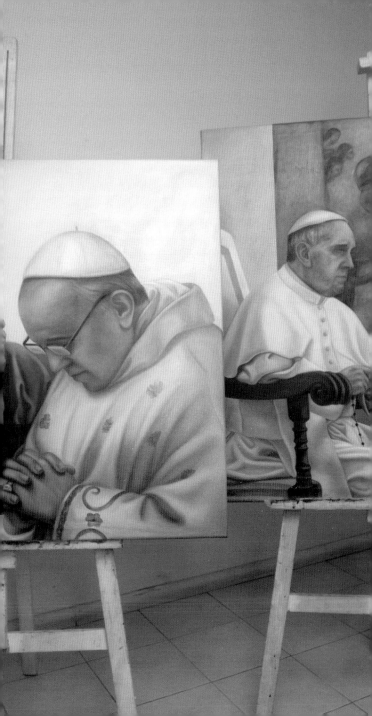

COLECCIÓN PRIVADA DE CUADROS DE FRANCISCO ❽

Yerbal 1890, Flores.
• Subte: línea A, estación Carabobo
• Visitas previa cita telefónica al 4631-4378

> *Los frescos de la colección Habemus Papam*

A ocho cuadras de la casa donde pasó su infancia y parte de su adolescencia Jorge Bergoglio, hay un taller con cuadros de Francisco, todos retratos hechos por la artista plástica Mercedes Fariña quien, debido a la calidad de sus obras, fue invitada por el mismísimo pontífice al Vaticano.

En las obras que se exponen en la sala, Francisco irradia una energía casi real. La autora, vecina del barrio de Flores, cuenta con alrededor de 300 pinturas, en su mayoría de arte sacro, pero los óleos del papa argentino tienen una autenticidad que hace que te persignes delante del lienzo.

Esa cercanía exquisita, basada en la técnica de hiperrealismo, fue convirtiendo a la autora en referente de la pintura espiritual. Para la primera aproximación de la serie, decidió pintarlo con la iglesia San José de Flores como fondo. Dice que lo pensó como un homenaje, "algo chiquito", y que se alegraba solo con que lo expusieran en el templo de la zona. Ni pensaba en llegar al Vaticano.

Los frescos de la colección *Habemus Papam* se pueden visitar en Yerbal 1890 –previa cita telefónica– y son parecidos entre ellos, pero sobre todo son parecidos al papa. Para quienes no vieron a Jorge Bergoglio en persona, el efecto puede ser furibundo y llegará acompañado de las explicaciones de la mismísima autora. A mediados de 2013, después de dar a conocer los primeros frescos, se acercó al lugar Francesca Ambrogetti, coautora del libro *El jesuita* – única biografía autorizada del papa–, y le dijo que se iba a Roma a visitar a su amigo Francisco.

Ambrogetti tomó fotos de algunas pinturas, intuyendo que podían gustarle a su amigo. A la semana, una carta manuscrita llegó al taller de Fariña. En letra redonda y moderada se leía: "Le agradezco el retrato alegórico y la felicito por su capacidad artística". Lo firmaba Bergoglio. El papa ya conocía las fotos de los cuadros, pero no conforme con eso pretendía que uno de esos retratos estuviera en sus dominios vaticanos. De la Nunciatura le preguntaron a Fariña si podía viajar a Roma con una pintura, le consiguieron una audiencia general con el papa, ambos tuvieron su encuentro y a los pocos meses la artista ya era invitada a exponer sus obras en la catedral de Buenos Aires.

BENDICIÓN DE VIENTRES DE LA IGLESIA SAN RAMÓN NONATO ❾

Santuario San Ramón Nonato
Cervantes 1150, Villa Luro
• Cada 31 de agosto
• Colectivos: 25, 34, 47, 99, 107, 166, 172, 181

Las futuras madres se llevan de regalo un par de escarpines

Cada 31 de agosto, día de san Ramón Nonato, patrono de las embarazadas, el barrio de Villa Luro es testigo de una celebración muy particular: miles de panzas se reúnen en la iglesia San Ramón Nonato para recibir la bendición del santo protector.

Para la iglesia, esta es la gran fiesta de la vida. Desde muy temprano el santuario abre sus puertas y empieza un desfile de mujeres embarazadas, matrimonios que buscan un hijo, madres que acaban de parir con sus chicos en brazos. Hay misas a cada hora, a lo largo de todo el día, y cada treinta minutos se realiza una bendición de vientres que genera una enorme energía y emoción. También ese día se consagran las manos de las parteras y obstetras.

La ceremonia incluye un par de escarpines de regalo para las futuras madres, que asumen el compromiso de volver con sus bebés trayendo otro par de escarpines para dar a las nuevas mujeres que se acerquen a la parroquia con la esperanza de tener un hijo.

Este santuario hace también bendiciones durante las misas de los fines de semana y el último día de cada mes, pero los devotos no se pierden el encuentro anual de agosto donde la gente llega a acampar en los alrededores para garantizar su participación en esta fiesta de la fe.

¿POR QUÉ SAN RAMÓN ES EL PATRONO DE LAS EMBARAZADAS?

Técnicamente san Ramón no nació –de ahí su nombre, 'nonato'– sino que lo rescataron del vientre de su madre ya muerta. La historia se remonta al 2 de febrero del año 1200, cuando en un pueblito de Cataluña, una mujer embarazada y gravemente enferma muere sin llegar a parir. Según cuenta la tradición fue Ramón Floch, Conde de Cardona y futuro padrino del niño, quien encontró a la señora tendida en el suelo sin vida y tuvo el impulso de intentar salvar al niño, sacó su daga y le rasgó el vientre, rescatando al feto que fue bautizado también Ramón. De jovencito se consagró a Dios y dedicó su vida a predicar con la palabra y con el ejemplo. Por ser mensajero de la vida, la Iglesia lo proclamó santo y lo convirtió en el protector de la maternidad.

IGLESIA CRISTIANA EVANGÉLICA ⑩

Tinogasta 5850, Villa Real
• Colectivos: 21, 28, 47, 53, 80, 85, 108, 109, 117

Un templo transparente y multicolor

Ubicada en Tinogasta al 5800, la Iglesia Transparente --como se la llama- es un templo evangélico cuya estructura fue cubierta por acrílicos de colores que permiten que todo lo que pasa adentro del lugar se vea desde afuera. La iglesia, diseñada como dos manos que rezan, podría ser la vidriera de una casa de ropa psicodélica; sin embargo, es un templo evangelista fundacional.

El santuario translúcido se llama de otra manera, pero fueron los vecinos de la zona quienes bautizaron así a la que formalmente se llama Iglesia Cristiana Evangélica. La construcción corrió por cuenta del arquitecto Murillo Luque, quien construyó el templo siguiendo las líneas modernas de un diseño basado en hormigón y luz.

Lo interesante es que detrás de la mano profesional hubo una tarea comunitaria para la que se sumaron fieles de la congregación, quienes aportaron algo más que Fe: algunos tomaron el pico y la pala y trabajaron directamente como albañiles; otros organizaron diferentes eventos, como confeccionar ropa o cocinar para reunir fondos y comprar ladrillos. Entre 1969 y 1970. Ese fue el tiempo que demandó levantar esta edificación de vitrales laterales. Que la iglesia esté en Villa Real tiene mucho que ver con la obra evangélica de José Bongorrá, quien se instaló junto a otros hermanos de la comunidad en lo que era un barrio muy humilde, y allá por 1931 montaron un pequeño salón que funcionaba apoyado por la iglesia de Villa Luro. Ocho años más tarde y con menos de cuarenta integrantes, los evangelistas se independizaron para establecerse como iglesia autónoma.

De la mano de Bongorrá, Villa Real participó de la primera reunión evangélica. La cantidad de fieles fue creciendo y, ante la necesidad, la orden religiosa se mudó a la calle Simbrón al 5400. Por ese entonces, los evangelistas solo se reunían los días sábados. En 1943 se trasladaron al predio actual de Tinogasta 5850. Entraban 250 personas; hoy pueden ingresar alrededor de 2000 fieles.

LA CASA DONDE SE FILMÓ *ESPERANDO LA CARROZA* ⑪

Echenagucía 1232, Versalles
• Colectivos: 47, 106, 108, 109

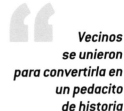

Vecinos se unieron para convertirla en un pedacito de historia

Echenagucía 1232. Dicho así no significa mucho, pero allí, en esa "locación" como suelen decir los directores de cine, se filmó una película de culto de nuestro cine nacional: *Esperando la carroza*. Por esa casa chorizo del barrio de Versalles pasaron los actores Antonio Gasalla, China Zorrilla, Juan Manuel Tenuta, Luis Brandoni, entre otros. Y sus dueños participaron en el filme en calidad de extras.

Como corresponde a una buena distinción, ahora todo está como estaba en febrero y marzo de 1985, cuando el realizador Alejandro Doria ordenó instalarse allí para el rodaje del clásico. La vivienda de Echenagucía 1232 se levantó en 1929 por un inmigrante español que vivió allí con su familia. Pero con el correr del tiempo, la casa fue deteriorándose hasta que los vecinos de la zona decidieron movilizarse y hacer una cruzada para que el lugar quedara al borde de la leyenda.

En 2011, la gente del barrio, muchos de ellos lógicos fanáticos de la película, se pusieron en campaña, formando hasta un grupo virtual en Facebook. La reconstrucción estaba en marcha. "Los vecinos se involucraron y los comercios también, desde ferreterías hasta corralones, todos contribuyeron con su trabajo", contó una legisladora porteña y vecina de Versalles, que participó de la gesta barrial.

"Disculpe señorita, ¿aquí hay un muerto? No, una muerta...". "¿Cuándo me van a traer a la nena?...Mañana.... No, mañana no, el martes.... No, el martes tampoco, el miércoles.... El miércoles te telefoneo y arreglamos». Dios mío, qué poco se puede hacer por la gente.... Lo único que se puede hacer por la gente es no pensar...».

Un puñado de las frases que todavía tienen eco en el imaginario popular y zumban con fuerza en el solar de la calle Echenagucía, recuperado con tonos vivos y plaqueta *ad hoc* incrustada en el frente. Gente que viene, que toca el timbre, que quiere saber detalles, que pregunta o simplemente se saca una foto junto a lo que el periodismo denominó "un símbolo del ser nacional" y fue oportunamente declarado Patrimonio Cultural de la Ciudad de Buenos Aires.

Quizás sea mucho, pero sin dudas una parte(cita) de nuestra historia.

PLAZOLETA DE LOS CAMPEONES

Avenida Juan B. Justo al 9000
• Metrobús: líneas 8, 34, 47, 53, 99, 108, 166

❶❷

*Una placita
que siempre
está cerrada
y una piedra caliza
que tiene
un millón de años*

Llegando a la cancha del club Vélez Sarsfield, sobre Juan B. Justo, está el que posiblemente sea el espacio verde más chico de la ciudad. Sin embargo, esa plazoleta, tal su denominación formal, ostenta un nombre inversamente proporcional a su tamaño: Plazoleta de los Campeones. De forma circular y parecido a una pelota de fútbol, el lugar es un misterio nunca abordado. Como cualquier plaza, tiene rejas; y como casi ninguna, se encuentra todo el tiempo cerrada con un candado impidiendo que el caminante pueda entrar.

Desde afuera, afinando la cara entre los barrotes, se observa el formidable bloque de mármol que llegó desde la provincia de San Juan directo hasta el barrio de Liniers. Las especificaciones indican que se trata de una piedra caliza que pesa alrededor de 2.400 kilos y tiene -atentos al dato- un millón de años. O sea, pertenecería al período Cuaternario y se habría formado como producto de sedimentos de diferentes aguas termales endurecidas.

¿Qué tiene que ver esto con un club de fútbol que fue campeón del mundo? Bueno, las autoridades velezanas dicen que no hay nada más florido que un pedazo de piedra de un millón de años para festejar el centenario de la institución. Y es que esa plazoleta y el mármol que se convierte en la placa más antigua –¿del planeta? – se inauguraron en 2010, cuando el club que fundó José Amalfitani cumplió su primer siglo de vida.

"Simplemente quisimos plasmar en esta obra el amor que sentimos los hinchas por nuestro club, y no es otra cosa lo que sentimos quienes integramos la Comisión del Centenario", dijeron los orgullosos simpatizantes que consiguieron ese pedazo de historia donde se lee: "A sus fundadores, a sus dirigentes, a sus hombres y mujeres".

El misterio sigue siendo quién puede entrar a esa placita que siempre está cerrada. Consultado sobre el enigma, un directivo dio a entender que ese micro espacio verde solamente puede ser visitado por las glorias del club. ¿Habrá sido un chiste?

LA CALESITA DE DON LUIS ⓭

Ramón L. Falcón 5990

> **Don Luis,
> un hombre
> que dedicó su vida
> a los niños**

Está exactamente en el mismo lugar donde la dejó Ramón Falcón y Miralla, justo en esa ochava rodeada de casas bajas y en medio de una geografía ciento por ciento barrial. Imposible no verla, es lo único que sobresale por encima del muro de ladrillo pintado. Esa es la calesita de don Luis, un hombre que dedicó su vida a los niños. Por él, cada 4 noviembre (fecha de su nacimiento) se celebra el Día Nacional del Calesitero.

Fueron tantas las infancias, tantas las sortijas, que en Facebook se creó un grupo: "Yo fui a la calesita de don Luis". Las anécdotas y los mensajes se amontonan como un tesoro de emociones. Además, es caminar por la zona, preguntar por don Luis y que la sola mención de su nombre haga que la gente detenga su marcha y quiera decir algo. Los vecinos más celosos de la memoria barrial cuentan que fueron "cuatro generaciones" las que pasaron por esa esquina del oeste porteño.

Al principio, la calesita funcionó en Juan B. Justo y Fragueiro. Después, pasó por otras calles de Villa Luro y Liniers hasta que Luis dejó de lado su faceta andariega y decidió echar raíces en el mismísimo patio de su casa, donde la calesita sigue funcionando, aunque sin Luis, que falleció a mediados de 2013.

Luis Rodríguez comenzó en la actividad cuando Juan, su papá, compró la calesita en marzo de 1920 con plata que le habían prestado. Era una calesita usada que daba vueltas un poco más allá, en Ramos Mejía. Juan se decidió por esto porque había dejado de trabajar como guarda de tranvía y quería un emprendimiento que pudiera servir para mantener a la familia.

De entrada, fue Rubio, tracción a sangre, su motor: el noble caballo hacía girar la calesita al ritmo de la música que salía de un organito. Luisito, por entonces de 15 años, abandonó el colegio y se transformó en socio de su padre. Juan murió en 1944 y Luis se hizo cargo yendo con la calesita ambulante de acá para allá, como si se tratara de una suerte de circo. Unos años antes, Rubio ya había sido reemplazado por una pequeña máquina a nafta primero y, luego, por un motor eléctrico. Lo que no cambiaron nunca fueron los caballitos de madera y el barquito original. Tampoco los autos, los camellos y los aviones que don Luis hizo con sus propias manos.

La esquina de Falcón y Miralla ahora es la esquina de don Luis. Patrimonio Histórico de la Ciudad.

ESCULTURA *EL GAUCHO RESERO* **14**

Av. Lisandro de la Torre 2300
• Colectivos: 55, 63, 92, 126, 180

Un monumento cuestionado por la rareza anatómica del caballo

En el paseo Liborio Pupillo, sobre la avenida Lisandro de la Torre, justo frente al mercado de Liniers, se alza un monumento que es el orgullo del barrio de Mataderos: *El gaucho resero*, pieza del escultor Emilio Sarniguet, hecha en bronce que tiene montado en su caballo de marcha lenta y riendas flojas al hombre de campo mientras acarrea el ganado.

A primera vista nadie podría pensar que esta escultura, que llegó a ser la imagen impresa en el reverso de las monedas de 10 pesos, presenta una falla en su andar. Al menos ese fue el rumor que circuló, y casi logra devaluar la obra, cuando un observador incauto, pretendido especialista en arte ecuestre, observó que el caballo caminaba raro, diferente de cualquier otro cuadrúpedo conocido.

Algo hay de cierto en la advertencia: si uno presta atención, la figura tiene las patas alineadas por lado, en lugar de cruzadas. Es decir, las del lado derecho están hacia delante y las del izquierdo apuntan hacia atrás. Solo basta traer a la memoria cualquier estatua de caballos, de las que está repleta la ciudad, y comparar la marcha.

El descargo de los verdaderos especialistas no se hizo esperar, enfurecidos por la diatriba pictórico-anatómica. Explicaron que no había error alguno en la representación de Sarniguet, sino otro acierto del escultor que con rigurosidad había reflejado la exacta realidad. Luego se supo el minucioso trabajo que había hecho el artista cuando le encargaron el monumento. Todo un profesional, viajó a una estancia de Ayacucho, en la provincia de Buenos Aires, para observar de cerca los modelos y tomar contacto con los gauchos. De vuelta en la ciudad se abocó durante meses al diseño de los bocetos, luego armó un esqueleto en madera, obtuvo su patrón de yeso y recién ahí terminó los moldes donde se volcó finalmente el bronce.

Pero el secreto es otro. Sarniguet tuvo la perspicacia de advertir que los reseros acostumbraban montar patucos para su trabajo, especie equina que se caracteriza por mover la pata delantera y la trasera del mismo lado, dando a su andar un ritmo tan reposado que hasta se le duermen los jinetes. La excusa del maestro es irreprochable, pero siempre quedarán dudas sobre su pericia artística.

ÍNDICE ALFABÉTICO

ÍNDICE ALFABÉTICO